Das Wirtschaftsleben der Türkei
Beiträge zur Weltwirtschaft und Staatenkunde
Herausgegeben im Auftrage der Deutschen Vorderasien-Gesellschaft von
Privatdozent Dr. jur. et phil. Hugo Grothe
Band II

Geld, Industrialisierung und Petroleumschätze der Türkei

von

R. Stern
Professor, Geh. Hofrat

G. Herlt
früherem Herausgeber des Konstantinopler Handelsblattes

E. Schultze
Dr. phil.

Berlin 1918
Druck und Verlag von Georg Reimer

Inhalt.

Zur Einführung.

Das Ziel der Beschaffung wissenschaftlichen Materials zur anzubahnenden verläßlicheren Beurteilung wirtschaftlicher Vorgänge und Fragen, die in der Türkei gegenwärtig in den Vordergrund treten und Wesen wie Maß deutscher Erschließungsarbeit zu bestimmen haben, war auch bei diesem zweiten Bande unserer Studienreihe „Das Wirtschaftsleben der Türkei" maßgebend. Unser Untersuchungsfeld liegt nicht im Bereiche allgemeiner Betrachtungen über die Natur orientalischer Wirtschaft und die ihrer Entwicklung vorgeschriebenen soziologischen Gesetze. Da die Grundlagen unserer Arbeiten vorwiegend geographisch-naturwissenschaftlicher und wirtschaftspolitischer Natur sein sollen, müssen solche Erwägungen den Skizzen unserer Sammlung ferner liegen. Derartige Betrachtungen werden auch, so wohlbegründet und trefflich sie an sich sein mögen, der praktischen Bedeutung für weite Kreise entbehren, die auch den besten Zeugnissen nationalökonomischer Lehren nur eine bedingte Aufmerksamkeit entgegenbringen können.

Ein der Türkei einseitig vom nationalökonomischen Gesichtspunkte nahetretender befähigter Gelehrter hat in unvollkommener Erkenntnis des Charakters der mit den Arbeiten von Frech, Hänig und Sack beginnenden Studienreihe in der fehlenden sozialwirtschaftlichen Orientierung leider einen Mangel unserer Sammlung finden wollen. Daher erachte ich diese Hervorhebung der leitenden Gedanken unserer Veröffentlichung im Vorworte des zweiten Bandes nicht für überflüssig.

Und noch auf ein anderes Moment glaube ich diejenigen, die unsere Sammlung einer Beurteilung unterziehen wollen, mit einigen Worten hinweisen zu müssen.

Bei der geringen Zahl derjenigen, die gegenwärtig über die einzelnen Wirtschaftszweige als Fachleute Spezialstudien zu schreiben vermögen, und bei der Unregelmäßigkeit, mit der in dieser Kriegszeit die zugesagten Beiträge einlaufen, kann ein streng systematischer Aufbau, wie ihn der Herausgeber für ein größeres Werk zur Wirtschaftsgeographie und Wirtschaftspolitik der Türkei wünschen möchte, leider nicht in allen Stücken verbürgt werden; ebenso auch nicht eine entsprechende Reihenfolge der Stoffe. Im Geleitwort zu meiner Schrift „Türkisch Asien und seine Wirtschaftswerte" (Frankfurt a. M. 1916) betonte ich, daß heute die Bausteine zu einem größeren, streng wissenschaftlichen wirtschaftsgeographischen Werke für die Türkei erst noch vielfach zusammenzutragen sind. In diesem Sinne wollen daher die einzelnen Arbeiten unserer Sammlung gewertet werden. Auch im Vorworte des ersten Bandes dieser Studienreihe wies ich darauf hin, daß an der Hand der vorgesehenen Einzelfeststellungen „sich erst die zukünftige Perspektive noch zu leistender wissenschaftlicher und praktischer Ergänzungsarbeit wird ermessen lassen". Die Schwierigkeit und gewisse derzeitige Begrenztheit der Wirtschaftsforschung in der Türkei, die kritische Federn bei Besprechung des ersten Bandes unseres Werkes glaubten feststellen zu müssen, ist uns also voll bewußt geworden.

Zu der Arbeit von Hänig, „Statistische Daten und Tabellen über die Minen der Türkei", im Band I wäre noch zu bemerken, daß ihr der von der „Union permanente des délegués du commerce étranger" in Konstantinopel in französischer Sprache herausgegebene Auszug aus der offiziellen Minenstatistik von 1323 (14. März 1907 bis 13. März 1908) zugrunde liegt. An jüngeren türkischen Minenstatistiken sind noch solche aus den Jahren 1324, 1325, 1326 und 1327 vorhanden, reichen also bis 1912. Die vom Herausgeber, der im Herbst 1916 sich auf einer Studienreise in Südungarn befand, dem Verfasser auferlegte Überarbeitung seiner Abhandlung ist leider nur unvollkommen durchgeführt worden; es war mir infolge meiner damaligen Abwesenheit, da die Ausgabe des ersten Bandes von seiten des Verlags sich nicht länger verzögern ließ, eine nochmalige Einsicht in die der Ergänzungen bedürftige Hänigsche Arbeit nicht möglich. So sind denn auch einige unliebsame Versehen und Druckfehler stehen geblieben, von denen wir die nachstehenden berichtigen. Es hat in der Anmerkung auf S. 95 zu heißen „prozentuale Abgabe“ statt „proportionelles Recht“, in der Tabelle VI auf S. 115 „per Kiste“ (besser „nach Anzahl der Kisten“) statt „per Kasse“; ferner auf S. 94 „Kendere in Kleinasien“ statt „Kassandra“, und auf S. 107 „Sarichan“ statt „Sacharin“.

Das Bestreben, die Aufsätze eines jeden Bandes unter ein gewisses zusammenfassendes Leitwort zu bringen, ließ für diesen Band den Titel „Geld, Industrialisierung und Petroleumschätze der Türkei“ wünschenswert erscheinen. In erschöpfender Weise vermögen die drei gegebenen Studien freilich nicht diese Bezeichnung zu decken. Doch sind Studien über Währungs- und Geldverhältnisse, über die Erscheinungen einer allmählich sich entwickelnden Industrialisierung und die Vorgänge zur Aufschließung der Petroleumreichtümer Mesopotamiens recht wertvolle Beiträge zu diesem großen Kapitel. Wenn bei der Abhandlung über die Petroleumfelder weltpolitische und weltwirtschaftliche Gesichtspunkte im Augenblicke des Weltkrieges stark herangezogen werden, so wissen wir dem Verfasser ohne Zweifel dafür Dank. Denn er beleuchtet uns die Zielsicherheit und Umsicht, die unser hartnäckigster Gegner England wie in allen Teilen der Welt so auch im Persischen Golfe zur Befriedigung seiner Interessen anzuwenden sich bemüht. So sollen wir uns unbedingt für die Zukunft etwas von diesem Geschick und dieser Wachsamkeit in weltwirtschaftlichen Dingen wünschen und aneignen.

Als Notwendigkeit hat sich herausgestellt, eine einheitliche Transkription türkischer und arabischer Namen und Worte von diesem Bande ab für alle Aufsätze einzuführen[1]). Zu diesem

[1]) se, sin und sat = s (scharf wie bei Glas), djim = dj, tschim = tsch, ḥa = ḥ (lauthaftes deutsches h), khy = kh (Schweizer ch), zel, ze und zy = z (wie weiches summendes deutsches s am Wortanfang und zwischen Vokalen, also wie „sagen, Nase“), ghaîn = gh (wie neugriechisches γ), qâf = q (dumpf wie in Kuh), kef = k (wie in „kennen“), he = h (deutsches h), je (als Konsonant) = j, aîn = ʿ (im Arabischen = h, im Türkischen fast lautlos). Betonte Vokale sind mit einem ^ versehen. Feinere Unterschiede in der Umschreibung der einzelnen Konsonanten und Vokale, als sie im Vorstehenden gehandhabt wird,

Zwecke haben wir uns der Beratung von Dr. Wilhelm Weil-Kiedrich a. Rh., des Verfassers eines „Türkischen Lehrbuches", versichert, dem wir hiermit unseren Dank sagen.

Der Ausbau des „Vorderasien-Instituts" der Deutschen Vorderasien-Gesellschaft dürfte unsere Mitarbeiter instand setzen, fortan auch weniger leicht zugängliche Literatur einzusehen[1]). Die in Katalog I des „Vorderasien-Instituts" (siehe Band XIV der „Beiträge zur Kenntnis des Orients" S. 183—264) gegebene wirtschaftliche Literatur ist bereits erheblich vermehrt, und werden künftig auch mehrere in der Türkei erscheinende einschlägige regelmäßige Veröffentlichungen aufliegen.

Hoffentlich ist es uns vergönnt, den dritten Band unserer Sammlung vorzulegen, wenn die an unserer Seite so zäh und treu kämpfende Türkei wieder im Zeichen der Friedenswirtschaft steht und sich aus dem Nebel der Wünsche, Hoffnungen und unbestimmten Nachrichten klarer die Grundlinien abheben, nach denen deutsches Unternehmertum und deutsches Kapital an der wirtschaftlichen Verjüngung der Türkei mitzuarbeiten berufen sind.

(namentlich bei den einzelnen s-, z- und t-Lauten) in unserem der Sprachwissenschaft fernstehenden Werke zu geben, ist nicht unsere Aufgabe, sondern die der Orientalistik.

1) Die von der Kritik besonders anerkannte Sacksche Arbeit des 1. Bandes wurde in unserem Vorderasien-Institut ausgeführt. Einige bemerkenswerte Urteile von Zeitschriften und Tageszeitungen hat der Verlag am Schlusse dieses Bandes zusammengestellt.

Anfang August 1917. Hugo Grothe.

Währungsverhältnisse und Bankwesen in der Türkei

Von

Hofrat Prof. Robert Stern-Wien.

Inhaltsverzeichnis.

I. Das Geldwesen.

A. Allgemeine Übersicht über das türkische Geldwesen in seiner ursprünglichen Gestaltung.

Die gedeihliche Entwicklung des Wirtschaftslebens eines Volkes hängt enge mit der Gestaltung seines Geld- und Währungswesens zusammen.

Wo die Münzverhältnisse im argen liegen, ist an eine gesunde Entwicklung der Landwirtschaft, des lokalen sowie des auswärtigen Handels und endlich auch der Industrie des betreffenden Ländergebietes wohl nicht zu denken.

Gestützt auf diesen bekannten Erfahrungssatz, kann es gewiß auch nicht wundernehmen, wenn die überaus verworrenen Geldverhältnisse des türkischen Reiches den denkbar ungünstigsten Einfluß auf dessen wirtschaftliche Entwicklung ausgeübt haben, so daß der Ruf nach Abhilfe ein immer lauterer geworden war.

Bemerkenswert ist aber die Tatsache, daß das Ottomanische Reich sich entschloß, die tief einschneidende Reform, die in der vollständigen Sanierung seines Geld- und Währungswesens besteht, gerade während der Kriegszeit durchzuführen.

Wir werden Gelegenheit haben, darzustellen, daß eben in dieser entscheidungsschweren Zeit, die tiefe Schädigung des gesamten sozialen und wirtschaftlichen Lebens durch schrankenloses Gebaren gewisser Parasiten — die sich zufolge der traurigen Geld- und Zahlungsverhältnisse auf Kosten aller Stände zu bereichern suchten — bis zum Höhepunkt gelangt war, so daß ein schneidiges und zielbewußtes Eingreifen der Regierung als eine auch in den Kriegsinteressen gelegene, begrüßenswerte Großtat bezeichnet werden muß. —

Zunächst soll nun eine Übersicht über die Entwicklung des Geldwesens in der Türkei **bis zur bedeutungsvollen Reform**, die unter Sultan 'Abdul Medjid im Jahre 1844 erfolgte, gebracht werden.

Von alters her begegnete man im Osmanischen Reiche dem Silberpiaster (piastre = Platte) als Geldeinheit. Seine Münzbeschaffenheit war aber nicht immer die gleiche.

War diese Münze unter Sultan Murad III. — wie ein deutscher Historiker berichtet: „von gutem Silber und durch die gantze Türkey auhs gangbar", so trat schon unter dem folgenden Sultan Mohammed III., unter dem das Türkische Reich in Verfall geriet, eine verhängnisvolle Änderung ein.

Dieser Herrscher war, wie der französische Konsul von Smyrna De Peyssonel berichtet, durch den Kaufmann Delabat aus Lyon verleitet worden, zugunsten seiner Privateinkünfte das Geld des Reiches zu verschlechtern.

Er ließ Piaster mit geringerem Silbergehalt und viel Legierung ausprägen und zog dagegen die gut geprägten alten Stücke aus dem Verkehr, um sie durch den Lyoner Kaufmann verkaufen zu lassen.

Bald wurden die Geschäfte Delabats in ganz Frankreich bekannt, und so erhielt Sultan Mohammed auch von andern Kippern und Wippern günstige Angebote für gute Piaster.

Unter den Nachfolgern: Sultan Achmed I. bis zu Mohammed IV., wechselten Münzverschlechterungen mit Münzreformen wiederholt, bis unter Selim III. (1687—1691) Silbergeld überhaupt nicht mehr zu sehen war, da die Pforte damals auf Rat eines Renegaten aus Livorno und eines gewissen Morgan keinen Anstoß daran nahm, leichtes Kupfergeld an Stelle des allerdings schon fast zur Kupferlegierung herabgesunkenen Silbergeldes auszugeben.

Dem bedeutendsten Tiefstand im Geldwesen begegnen wir unter den Sultanen Mustafa II., Achmed III. und Mahmud I. Helmuth Graf v. Moltke schildert die unhaltbaren Zustände der damaligen Zeit in seiner bekannten Arbeit: „Briefe über Zustände und Begebenheiten in der Türkei in den Jahren 1835—1839" (Berlin) mit folgenden Worten:

„Für einen spanischen Thaler, für den man 1824 7 Piaster gab, muß man jetzt (1836) 21 Piaster geben; wer also vor

12 Jahren 100 000 Thaler Vermögen besaß, findet heute, daß er bloß 33 333 Thaler besitzt."

Unter dem weitschauenden und schaffensfreudigen jungen Sultan Abdul Medjid, dem eine Reihe von Wohlfahrtsgesetzen („Ṭansimatbaijirek") ihr Entstehen danken, trat eine wesentliche Besserung der Verhältnisse ein.

Seine Münzreform vom Jahre 1844 soll den Ausgangspunkt zu den nachfolgenden Betrachtungen bilden.

Hier sei der Vollständigkeit halber noch folgendes erwähnt: Politische Wirren, insbesondere der unter Sultan Mahmud II. unglücklich verlaufene russisch-türkische Krieg (1826—1829), hatten die Pforte genötigt, die Papiergeldpresse in Bewegung zu setzen. Die Noten („Kaîmé") besaßen zwar ursprünglich den Charakter eines bloßen Geldersatzmittels; die wachsende Verschuldung der Türkei führte aber nach verhältnismäßig kurzem Umlaufe zur Uneinlösbarkeit und dadurch auch naturgemäß zur Entwertung dieser Noten.

Die katastrophale Wirkung der Zettelwirtschaft konnte auch Sultan Medjid, der dagegen verschiedene, an sich ganz gute wirtschaftliche Maßnahmen — die an späterer Stelle besprochen werden sollen — traf, nicht aufhalten.

B. Die Münzreform unter Sultan 'Abdul Medjid.

(Einführung der Doppelwährung im Jahre 1844.)

Für den weitausschauenden Blick des großen Reformators auf dem Osmanischen Throne, 'Abdul Medjid, spricht die Tatsache, daß er für die in den damaligen Zeitläuften so bedeutungsvolle Schaffung einer bimetallistischen Währung sich mit aller Energie einsetzte, einer Währungsform, deren Bedeutung 20 Jahre später von den Staaten Belgien, Frankreich, Italien und von der Schweiz gepriesen wurde, die sich bekanntlich zum lateinischen Münzbunde einigten, in der Absicht, auch alle übrigen Kulturstaaten zu veranlassen, ein festes Wertverhältnis zwischen Gold und Silber (1 : 15½) aufrechtzuerhalten.

Es kann nicht Aufgabe dieser Studie sein, die Irrtümer zu beleuchten, die in der Grundidee der künstlichen Festhaltung an einer bestimmten Wertrelation lagen; hat doch die Währungsgeschichte der großen Staaten sattsam gezeigt, daß gesetzliche Maßnahmen nicht imstande sind, der Wertbildung auf die Dauer Grenzen zu setzen.

Es sollte hier nur darauf hingewiesen sein, daß der kluge Regent der Türkei zwei Dezennien vor dem Entstehen der großen Bewegung zugunsten des Bimetallismus sich schon ernstlich mit dieser Frage beschäftigt hat, und so entstand das Münzgesetz vom Jahre 1844, das in der Türkei die Doppelwährung in der Relation 1 : 15^{36} (s. die später folgende Berechnung) einführte.

Es wurde eingangs gesagt, daß im Osmanischen Reiche von alters her der Silberpiaster die Währungseinheit bildete.

Bis zum Inslebentreten der Medjid-Reform bestand also die Silberwährung mit all den Nachteilen, die durch die Münzverschlechterung und durch die Überflutung von devaluierten Zetteln, welche zu den an und für sich wieder entwerteten Münzen ein diametrales Verhältnis ergaben, entstanden waren.

Dadurch schnellten die Preise der Lebensmittel im Türkischen Reiche — denn nur dieses war von den genannten Übelständen betroffen — in die Höhe, und der Nachteil traf am schwersten die minderbemittelte Bevölkerung.

So lag denn in der Schaffung des neuen Münzgesetzes ein gutes Wollen, und es ist auch gar nicht wegzuleugnen, daß die Türkei ohne diese Reform in den nächsten drei Dezennien in noch weit größere finanzielle Bedrängnis geraten wäre, als sie zufolge der ungünstigen politisen Verhältnise tatsächlich geraten ist.

Das Medjid-Gesetz bestimmte:

1. Prägung aus Feingold.

Aus einer Oka Feingold werden geprägt:

192 türkische Pfund

(auch „Gold-Medjidijés", „Osmanly Liren" oder „Altyns" benannt).

2. Prägung aus Feinsilber.

Aus einer Oka Feinsilber werden geprägt:

$62^1/_2$ Silbertaler

(auch „Silber-Medjidijés" oder türk. „Bejas-Medjidijés" benannt).

Es war daher von seiten des Gesetzgebers das Wertverhältnis zwischen Gold und Silber mit 1 : 15^{36} vorgesehen.

Berechnung des Wertverhältnisses.

Wieviele Oka Feinsilber	=	1 Oka Feingold,
wenn 1 Oka Feingold	=	19 200 Piaster
und wenn 62½ à 20 Piaster	=	1 Oka Feinsilber.

19 200,0 : 125,0 = 15^{36}.
670
450
750
—

Ergebnis: 1 (Gold) = 15^{36} (Silber).

3. Stückelung und Feinheit.

Das Medjid-Gesetz ordnet die nachfolgende Stückelung und Feinheit der Münzen an, die in der neuen Münzverordnung beibehalten ist (s. Wortlaut des Artikel III S. 29):

a) Goldmünzen.

α) Stückelung:

				Gewicht der Münze
Stücke zu	500	Piaster	=	36,08285
„ „	250	„	=	18,04142
„ „	100	„	=	7,21657
„ „	50	„	=	3,60828
„ „	20	„	=	1,80414.

Im Medjid-Gesetze war das alttürkische Gewicht angegeben:

500 Piaster	=	11	Drachmen	4	Karate
250 „	=	5	„	10	„
100 „	=	2	„	4	„
50 „	=	1	Drachme	2	„
20 „	=	0	„	9	„

Umwandlung aus dem alten Münzgewicht ins Grammgewicht:

1 Oka à 400 Drachmen à 16 Karat.

1 Oka	=	1282,945 g,
1 Drachme	=	3,20736 g,
1 Karat	=	0,20046 g.

Beispiel:

100 Piaster Gold	=	2 Drachmen 4 Karat.
2 Drachmen	=	6,41472 g,
4 Karate	=	0,80185 g,
daher	=	7,21657 g (s. oben).

β) Feinheit.

Die Goldmünzen wurden nach dem Medjid-Gesetz und werden auch nach der neuen Münzverordnung (Artikel 3) in $916^2/_3$ Tausendteilen ausgeprägt:

$$\frac{916^2/_3}{1000} = \frac{11}{12}.$$

[Dieselbe Feinheit enthält der englische Sovereignd'or und enthielt das alte russische Imperialstück; die meisten Staaten haben allerdings in neuerer Zeit die Legierung: 9 Teile Gold und 1 Teil Beschickung vorgezogen.]

Berechnung des Edelmetallgehalts der Münze:

100 Piaster wiegen 7,21657 g, die Münze ist $916^2/_3/1000$ fein (= $^{11}/_{12}$ fein), daher:

$$\begin{array}{r} 7{,}21657 \\ - \ ^1/_{12}\ 0{,}60139 \\ \hline 6{,}61518, \end{array}$$

daher enthält die Münze 6,61518 g Gold.

γ) Vergleichung des Wertes der Münze mit dem deutschen Gelde.

Aus 1 kg Feingold werden nach dem deutschen Münzgesetz 2790 M. ausgeprägt, es stellt sich daher der Wert von 1 g Feingold auf 2 M. 79 Pf.

Der Goldwert des Hundertpiasterstückes ist daher in deutscher Reichswährung

$$\begin{array}{r} 6{,}61518 \times 2{,}79 \\ \hline 132304 \\ 46306 \\ 5954 \\ \hline 184564 \end{array} \qquad \text{M. } 18{,}45^{64}.$$

δ) Remedium (Toleranz).

Das Medjid-Gesetz bestimmte — und das Gesetz über die Vereinheitlichung des Münzwesens vom 8. April 1916 hält daran fest —, daß die türkischen Goldmünzen unter Einhaltung eines Remediums von $2^0/_{00}$ nach oben und nach unten auszuprägen sind.

Es dürfen sonach die Stücke aus dem Prägestock nur dann in den Verkehr gelangen, wenn sie im Rahmen dieser Fehlergrenze dargestellt sind.

Die Grenzlinie nach oben ist in der Türkei — genau so wie in andern Ländern — nur eine theoretische; sind die neu geprägten Münzen schwerer, als sie nach den gesetzlichen Ausmünzungsverhältnissen sein sollen, so werden sie eben nochmals eingeschmolzen.

Es gelangen daher: Stücke zu 500 Piaster nur in den Verkehr, wenn sie nicht schwerer sind als 36,08285 g; ebenso werden Stücke zu 100 Piaster, die schwerer sind als 7,21657 g, wieder eingeschmolzen.

Anders verhält es sich aber mit jenen Münzstücken, die etwas weniger wiegen, als sie nach den Ausprägungsbestimmungen (s. S. 29) zu wiegen hätten.

Hier ist die Fehlergrenze (Toleranz) von 2‰ nicht nur zulässig, sondern auch in der Praxis des Münzwesens zumeist benutzt.

Die Fehlergrenze nach unten besteht aber auch rücksichtlich der Feinheit des Münzmetalles.

Das Münzgesetz bestimmt, daß Goldmünzen in der Feinheit 916⅔ Teile Gold in 1000 Teilen Gesamtmasse auszuprägen sind.

Infolge der Toleranzbestimmung ist es auch zulässig, daß Münzen in den Verkehr gelangen, deren Feinheit aus 914⅔ Tausendteilen Gold in 1000 Tausendteilen Münzmetall besteht.

Beispiel.

Wird der Wert eines Hundertpiasterstückes in deutschem Gelde ermittelt, das sowohl rücksichtlich des Gewichtes als auch rücksichtlich der Feinheit auf der untersten Grenze des Erlaubten steht, also einer Münze, die um 2‰ weniger wiegt, als sie gesetzlich wiegen sollte, und die bloß 914⅔ Tausendteile Gold in 1000 Tausendteilen enthält, so ergibt dies einen Abgang von 7¾ Pf. vom gesetzlichen Werte (= 4‰).

Berechnung:

Das Hundertpiasterstück sollte wiegen	7,21657 g,
es wiegt weniger um 2‰ = ...	0,01443 g,
es wiegt daher	7,20214 g.

Feinheit 914⅔, daher .... 7,20214 × 0,9146
ergibt .... 6,58755 g Feingold
à 2,79 M. = $18,37^{926}$ M.

(Die Münze ist um 7¾ Pf. weniger wert; sie sollte einen Wert von $18,45^{64}$ [s. früher] besitzen; es entspricht dies einem Wertabgange von 4‰.)

b) Silbermünzen.

α) Stückelung.

			Gewicht der Münzen
Stücke zu 20 Piaster	(„Medjidijé")	=	24,55 g
„ „ 10 „	(„Onluq")	=	12,27 g
„ „ 5 „	(„Tschejreks)	=	6,14 g
„ „ 2 „	(„Tschejrek", auch „Beschlik" genannt)	=	2,40[8] g.

[Im Medjid-Gesetze war an Stelle des Grammgewichtes angegeben:

20 Piaster	=	7	Drachmen	8	Karate
10 „	=	3	„	12	„
5 „	=	1	Drachme	14	„
2 „	=	0	„	12	„]

β) Feinheit.

Das Gesetz bestimmte, daß die Silbermünzen in der Feinheit $^{830}/_{1000}$ ausgeprägt werden.

[Rücksichtlich der Nickelmünzen sowie der Münzen älteren Gepräges s. S. 29 und 32.]

C. Die Aufhebung der Silberfreiprägung im Jahre 1880 [1296 nach türkischer Zeitrechnung].

Die Fiktion, ein festes Wertverhältnis zwischen Silber und Gold aufrechterhalten zu können, führte anfangs der 1870er Jahre in allen bimetallistischen Ländern zu einer argen Enttäuschung.

Die Entdeckungen von großen, ergiebigen Silbergruben in Europa und Nordamerika, die trotz aller versuchten Kunstmittel, wie z. B. Zurückhalten der Vorräte, Selbstankäufe großer Silbermengen seitens der Silberproduzenten selbst, eine stetige Devaluierung des weißen Metalles zur Folge hatten, andererseits dagegen wieder die stärkere Inanspruchnahme des Goldes durch Einführung der Goldwährung in verschiedenen Großstaaten, brachten eine Verschiebung in dem Wertverhältnis der beiden Edelmetalle mit sich und schließlich eine Aufhebung der freien Silberausprägung in den Ländern des lateinischen Münzbundes.

Früher konnte beispielsweise der Spekulant in Frankreich durch die Pariser Münzstätte aus an die Banque de France eingeliefertem Silber sich Fünffrankenstücke prägen lassen; desgleichen aus eingeliefertem Golde Zwanzig- oder Zehnfrankenstücke.

Infolge der festgesetzten Relation 1 : 15½ war es — solange die Preise der beiden Edelmetalle in diesem Verhältnis bestehen blieben, gleichgültig, ob man Silber oder Gold als Münzstoff benutzte.

Beispiel.

Übergab jemand damals der Pariser Münze 10 kg legiertes, $^9/_{10}$ feines Gold, so erhielt er daraus

10 × 155 Zwanzigfrankenstücke = 1550 Stücke à 20 Fr. = 31 000 Fr.

(Von der Prägegebühr, die der Einlieferer zu vergüten hatte, soll in dieser Darstellung abgesehen werden.)

Übergab jemand der Münze 155 kg legiertes, $^9/_{10}$ feines Silber, so erhielt er

155 × 40 (= 6200) Fünffrankenstücke = 31 000 Fr.

(Auch hier soll in der Darstellung von der Vergütung einer Prägegebühr, die bezahlt werden mußte, abgesehen werden.)

Es hatten also:

1550 Zwanzigfrankenstücke Gold

den gleichen Wert wie

6200 Fünffrankenstücke Silber.

4 Fünffrankenstücke Silber konnten im Verkehr gegen ein Zwanzigfrankstück Gold umgewechselt werden.

Solange nun das Kilogramm Rauhsilber ($^9/_{10}$ f. Silber) 200 Franken kostete, das Kilogramm Rauhgold ($^9/_{10}$ f. Gold) 3100 Franken, hatte die Spekulation kein Interesse dafür, das eine Metall zu erwerben, das andere abzugeben.

Als aber der Preis des Silbers aus den (S. 10) angegebenen Gründen rapid sank, lag es naturgemäß im Interesse der Spekulation, das billig gewordene Silber anzukaufen und daraus Fünffrankenstücke prägen zu lassen.

So verschwand das wertvoller gewordene Gold aus dem Verkehr, und das Silber blieb als Münzstoff im Lande; man ließ bei der Banque de France sich gegen Silbermünzen Goldmünzen umwechseln, so daß in den Kellern der Banque der Tresor bald nur mehr aus Münzen bestand, deren Nennwert eine Unwahrheit enthielt. Auch in der Türkei begann die Spekulation in den mittleren 1870er Jahren die Vorteile der Medjid-Relation (1 : 15^{36}) zu benutzen; bis der Pforte — da sich auf Goldzahlungen ein Agio gebildet hatte — kein anderes Mittel übrigblieb als die Aufhebung der Silberprägung für Private.

Nun konnten Spekulanten nicht mehr Medjidtaler (à 20 Piaster), Onluq- (à 10 Piaster) oder Tschejrekstücke (à 5 Piaster) ausprägen lassen und so an dem billiger gewordenen weißen Metall profitieren; nur die Pforte selbst hatte noch das Recht sich vorbehalten, im Interesse des Zahlungsverkehrs Silbermünzen ausprägen zu lassen; da aber die Gesamtheit der vorhandenen Silbermünzen unbeschränkte gesetzliche Zahlkraft behielt, war im Ottomanischen Reiche vom Momente der Aufhebung der Freiprägung an eine „hinkende Goldwährung" entstanden, ähnlich wie eine solche bis zur Einziehung der Silbertaler im Deutschen Reiche bestanden hatte.

Auch von den Talern wußte man, daß ihr Münzstoff nicht den Wert von 3 M. besaß.

Da 30 Taler — wie ja auf den sächsischen und preußischen Münzen aufgeprägt war — ein Pfund Feinsilber enthielten — das Kilogramm Silber aber in dem ersten Dezennium unseres jetzigen Jahrhunderts 70—72 M. kostete, so war unschwer festzustellen, daß 30 Taler nur für ± M. 36,— Silber enthielten, der Taler also bloß einen Silberwert von M. 1,20 besaß; im Verkehr mußte er aber für M. 3,— unbeschränkt in Zahlung genommen werden.

Würde jemand das Gepräge von 30 Talern weggeschlagen haben, so hätte er Metallplättchen besessen, die einen Marktwert von M. 36,— repräsentiert haben würden.

Es ist ja sattsam bekannt, daß dasselbe Prozentverhältnis auch für die Einmark-, Zweimark- und Dreimarkstücke besteht; das sind aber „Scheidemünzen", sie braucht man nur in einer geringen — vom Gesetze festgestellten Menge — in Zahlung zu nehmen; sie dienen dem Umwechslungsverkehr und haben für den Zahlungsverkehr des Landes hohe Bedeutung (s. den Abschnitt „Kleingeldmisere").

Im Ottomanischen Reiche besaß aber die Silbermünze — wie bereits ausgeführt wurde — unbeschränkte Zahlkraft, das Zwanzigpiasterstück (Medjid-Taler) war sogar für den Provinzverkehr die führende Geldsorte, wie auch die Fünfpiasterstücke, Tschejreks und die Silberpiasterstücke für den Lokalverkehr (siehe später).

Erst durch das neue Gesetz, in dem die Zahlkraft der Silbermünzen auf 300 Piaster beschränkt worden ist (s. Artikel IV S. 29), verschwindet die „hinkende Währung“ und beginnt die Ära der „reinen Goldwährung“.

D. Nach Aufhebung der Silberfreiprägung bis zum Entstehen der Münzreform vom 14. April 1916.

a) Der Papiergeldumlauf.

Das Gebäude der Doppelwährung — die Sultan Medjid in der Türkei errichtet hatte — war aber nicht bloß zufolge des Preissturzes des weißen Metalles, sondern auch durch die trostlosen Verhälnisse des Papiergeldes, das bereits seit dem russisch-türkischen Kriege vom Jahre 1826 im Umlaufe war, zu Falle gebracht worden.

Der damalige Zettel besaß allerdings voll und ganz die Eigenschaft eines Stellvertretungsmittels des Metallgeldes.

Infolge der bedeutenden Verschuldung der Türkei aber — die der Krieg mit sich gebracht hatte —, entstand schon in verhältnismäßig kurzer Zeit ein uneinlösbares Papiergeld.

Je mehr nun dieses zur Ausgabe gelangte — und die Türkei war durch ihre politische Bedrängung zur immer stärkeren Inanspruchnahme der Papiergeldpresse gezwungen —, desto rapider war — wie es sich ja von selbst versteht — seine Entwertung vorgeschritten.

Zur Zeit der Schaffung der Münzreform unter Sultan Medjid (1844) gab man bereits für 100 Goldpfunde etwa vierhundert Pfunde in alten, aus der Kriegszeit (1826—29) stammenden Zetteln, die sonach nur den Wert eines Viertels ihres Nennwertes besaßen.

Es liegt nahe, daß unter solchen Verhältnissen die Bestrebungen des jungen Herrschers, das Geldwesen des Türkischen Reiches gesunden zu machen, auf unübersteigliche Schwierigkeiten stoßen mußten.

Daraus kann man aber auch entnehmen, daß Medjid es sich mit der theoretischen Einführung eines bimetallistischen Münzsystems nicht genügen lassen konnte; er hat auch tatsächlich kurz nach Promulgation des Münzgesetzes verschiedene Maßnahmen getroffen, die den Zweck verfolgten, das tief entwertete Papiergeld aus dem Verkehr verschwinden zu lassen.

So wurde unter anderem auf seine Veranlassung im Jahre 1848 die „Bank von Konstantinopel" errichtet, der die Aufgabe zufallen sollte, die Regelung der Papiergeldausgabe und die Einlösung des alten Kriegspapiergeldes durchzuführen.

Das neue Institut verdiente aber gar nicht die Bezeichnung als „Bank"; es war als Privatunternehmen von einer Gruppe wenig gut berufener Sarrafen aus Galata, die gute Beziehungen zur damaligen Hofpartei besaßen (s. S. 36), errichtet worden.

Die sogenannte Bank machte recht bedenkliche Geschäfte (s. z. B. unter „Devisenhandel" S. 5), die durchaus nicht dazu angetan waren, der Papiergeldentwertung des Reiches entgegenzuwirken, so daß schließlich der Fiskus zufolge seiner Beteiligung an diesen Geschäften über 60 Millionen Piaster einbüßte; die Bank aber, die so großen Schaden verursacht hat, trat 1851 in Liquidation.

1858 machte die Pforte neuerdings den Versuch, das Kriegspapiergeld sowie die Zettel, die in der Zwischenzeit zur Ausgabe gelangt waren, einzuziehen und gab zu diesem Zweck eine besondere Anleihe heraus.

Aber auch diesmal blieb die erhoffte Wirkung — jedenfalls zufolge der ungeeigneten finanztechnischen Maßnahmen, die bei Emission der Anleihe getroffen worden waren — aus.

Inzwischen wurde (— 1863 —) die Ottomanische Bank („Banque Impériale Ottomane") zu Konstantinopel errichtet.

Nahe liegt es nun, daß die Pforte vor allem sich bemühte, die neue Unternehmung zur Austragung ihrer verfehlten Finanztransaktionen anzuhalten; zu einem greifbaren Resultate führten aber auch diese Bestrebungen nicht.

[Über die Besonderheit der von der Ottomanischen Bank emittierten Noten machen wir im Abschnitt II. Bankwesen; Ottomanische Bank, S. 39 nähere Mitteilungen.]

So nahm denn die Entwertung der im Umlaufe gewesenen Noten unentwegt ihren Fortgang und hatte zu Beginn des russisch-türkischen Krieges (1876) den Höhepunkt erreicht.

In ihrer großen Finanznot griff die Pforte zu dem einzigen Mittel, das ihr noch geblieben war — sie schuf eine Zwangsanleihe („Kaîmé") und emittierte zuerst zwei, später weitere acht Millionen Pfund Zettel, die eigentlich gar keine Sicherung besaßen und kontrollos ausgegeben worden waren.

Als nun der Krieg beendet war und man bereits im Verkehr 1200 Piaster für das türkische Pfund gab, — die Entwertung sonach eine ganz außerordentlich große war —, erschien 1878 eine Iradé, nach welcher die Einziehung des Kaîmés in Form eines Akkordes mit Zwangsbestimmungen angeordnet wurde; die türkische Bevölkerung erlitt dadurch ungeheure Verluste.

Es kann nach alledem wohl nicht wundernehmen, wenn die Erinnerung an diese Zettelwirtschaft im osmanischen Reichsgebiete nur schwer ausrottbar ist und wenn auch dem Papiergelde der jetzigen Periode Mißtrauen entgegengebracht wird, so daß wiederholt, in mehreren Vilajets, die schlecht geprägte und an sich doch minderwertige Scheidemünze der jetzt vollbedeckten Staatsnote vorgezogen wird.

Wir gehen nun in unserer Besprechung zum Papiergeldtyp der neuesten Zeit über.

Im Oktober 1915 setzte die Regierung mit der Ausgabe von Einpfundnoten im Nennwerte von 150 Millionen Franken ein; der Deckungsfonds für diese Zettel war — wie aus deren Text ersehen werden konnte — in effektivem Golde bei der Internationalen Schuldenverwaltung hinterlegt.

Diesem Zetteltyp brachte die türkische Bevölkerung von vornherein unbeschränktes Vertrauen entgegen; als aber später ein zweiter Typ zur Ausgabe gelangte, bei dem die Deckung durch Schatzscheine des Deutschen Reiches gesichert war, entstand unbegreiflicher- und selbstredend ganz unberechtigterweise bald nach seiner Ausgabe in Konstantinopel auf das Goldpfund ein

Agio von 1 Piaster (d. h. 101 Piaster Papier = 100 Piaster Gold), und es erhöhte sich dieses Agio nach und nach bis auf 4 Piaster; an einzelnen Provinzplätzen betrug es sogar 8—10 Piaster.

Mit dieser unerwartet entstandenen Kalamität paarte sich die neuerdings wieder aufgekommene Kleingeldmisere, die bereits früher (s. S. 27) das Zahlungswesen der Türkei tief geschädigt hatte, die, wie schon erwähnt, dadurch zum Ausdrucke kam, daß die schlecht geprägte, an sich minderwertige Scheidemünze von der Bevölkerung dem Zettel vorgezogen wurde (s. S. 28).

Nun wählte die Regierung zur Bekämpfung des Kleingeldmangels und der Sucht der Bevölkerung, die kleinen Münzen zurückzubehalten, ein drastisches Mittel.

Sie stellte in einer Finanzministerialverfügung vom 12. Dezember 1915 folgendes in Aussicht:

„1. Ein Teil der Schatzscheine der gegenwärtigen Emission, der noch zu drucken ist, wird in Teilscheinen zu einem halben und einem Viertelpfund ausgegeben.

2. Bis zum Eintreffen dieser Teilscheine soll eine bestimmte Anzahl von Fünfpfund- und Einpfundscheinen, die sich augenblicklich im Umlaufe befinden, in zwei gleiche Teile von zweieinhalb und einem halben Pfund zerlegt werden."

Da aber auch diese Maßnahme den Zweck nicht erreichte, ließ die Pforte aus Silberbeständen, die zu ihrer Verfügung standen, und aus alten (außer Kurs gesetzten) Silbermünzen Kleingeld ausprägen (Zwei-, Ein- und Einhalbpiasterstücke) (siehe S. 29).

Die Bevölkerung aber hatte sich während der Kriegszeit schon allzusehr an das Thesaurieren von Hartgeld gewöhnt; namentlich war es das Kleingeld, das man mit Vorliebe zurückbehielt.

Um nun den dringendsten Kleingeldbedürfnissen abzuhelfen und im Interesse der Durchführung der Münzreform verfügte das Finanzministerium am 8. April 1916 (gleichzeitig mit der Publikation der neuen Münzgesetze) (s. S. 28), daß in Konstantinopel und in der Provinz in Polizeiwachstuben, Steuerkontoren, bei den Brücken- (Galata am Goldenen Horn) und bei den Eisenbahnkassen Schalter errichtet werden, an denen das Publikum Gold oder Papier im Werte von 1/4 bis 5 Pfund werktäglich in der Zeit von 6 bis abends 8 Uhr kostenlos einwechseln kann (s. Finanzministerialverordnung vom 14. April 1916, S. 51).

Es werden dort gegeben für:

¼ Ltq. (Pfund) in Gold oder für den gleichen Papierwert 25 Piaster in Nickelmünzen;
½ Ltq. (Pfund) in Gold oder für den gleichen Papierwert: ¼ Ltq. oder Papier und 25 Piaster in Nickelmünzen;
1 Ltq. (Pfund) in Gold oder für den gleichen Papierwert: 3/4 Ltq. Gold oder Papier und 25 Piaster in Nickelmünzen;
5 Ltq. (Pfund) in Gold oder für den gleichen Papierwert: 4 Ltq. Gold oder Papier sowie 3/4 Ltq. Gold oder Papier und Nickelmünzen für 25 Piaster.

Aus dieser Spezifikation geht hervor, daß die Umwechslungskassen durch Verfügung gehalten sind, nur die Spitzen der Beträge in Kleingeld auszufolgen, ein Modus, der übrigens in der Türkei seit Urzeiten besteht und den die Sarafen im Interesse ihres Profits so eingeführt haben (s. S. 27).

b) Der Hartgeldumlauf.

Es ist eine ganz natürliche Erscheinung, daß die Devaluierung des Silbers eine vollständige Umwälzung auf dem Gebiete des Geldwesens der Türkei im Gefolge hatte. Das Goldpfund wertete rechnungsmäßig nach wie vor 100 Piaster (Goldpiaster), während in Konsequenz des Silberpreissturzes für dieses Goldpfund in Konstantinopel wie an verschiedenen andern Verkehrsplätzen 108 Piaster (Silberpiaster) [bzw. 5 Medjidiés und 8 Piaster] gegeben wurden, an einzelnen Plätzen erreichte das Agio dagegen ein ganz anderes Ausmaß (s. später).

Die Pforte war nun bestrebt, den auf diese Weise im Verkehr entstandenen neuen Maßstab — den des devaluierten Silbers — verschwinden zu machen, vergriff sich aber bei der Durchführung der an sich gewiß ganz wohlgemeinten Bestrebungen in den Mitteln, indem sie mit Iradé vom 1. März 1880 festsetzte, daß die Silbermedjidiés im Nennwerte von 20 Silberpiastern bei Zahlungen: an Eisenbahn-, Post- und Telegraphenämtern, an Zahlstellen der Tabakregie, an Steuer- und Gebührenkassen zu 19 Piastern (Goldpiastern) angenommen werden soll.

Nach zwei Richtungen hin war die Maßnahme eine verfehlte.

Wohl ist der Wert der Münzeinheit vergrößert, wenn die Münze in eine geringere Anzahl von Teilen geteilt wird.

Der Wertbegriff für den Piaster ist erhöht, wenn die Silbermedjidié anstatt in 20 bloß in 19 Einheiten zerfällt; die Pforte hätte aber dafür sorgen müssen, daß die Rechnungsgrundlage nicht erschüttert wird.

Dies ist aber — wie aus den nachfolgenden Ziffern hervorgehen dürfte — bedauerlicherweise geschehen, und infolgedessen hat das Iradé vom 13. März 1880 die ihr zugedachte Wirkung nicht nur nicht erreicht, ihr ist sogar die Hauptschuld an den später entstandenen chaotischen Verhältnissen des Geld- und Zahlungswesens in der Türkei beizumessen.

Die Rechnungsgrundlage ist an sich eine ganz einfache:

$$\frac{108}{20} \text{ ist annähernd gleich } \frac{100}{18^1/_2}, \text{ (nicht aber gleich } \frac{100}{19}\text{!)}$$

$$\left[\frac{108}{20} = \underline{5^{4}}, \ \frac{100}{18\frac{1}{2}} = \underline{5^{405}}; \text{ dagegen ist } \frac{100}{19} = \underline{5^{26}}.\right]$$

Erläuterung:

Hätte die Pforte festgesetzt, daß der Kurs der Silbermedjidié, die bisher 20 Silberpiaster galt, von jetzt ab $18^1/_2$ Goldpiaster zu betragen habe, so wäre rechnerisch das Agio verschwunden gewesen, man hätte wohl nach wie vor für 1 Goldpfund 5 Medjidijé und 8 Silberpiaster gegeben, hätte aber diese nicht mehr mit 108 Silberpiastern bewertet, sondern wie folgt:

5^4 Medjidijés à $18^1/_2$ = 100 Piaster des Goldmaßstabes.

Daher ist

1 Ltq. (Goldpfund) = 5^4 Medjidijés oder 100 Goldpiaster.

Die Pforte hat nun aber den Wert der Silbermedjidijé mit 19 Piastern festgesetzt; das gibt:

5^4 Medjidijés à 19 = 102,60 Piaster.

Dadurch war eine Disparität geschaffen und der Zweck der gesetzlichen Bestimmung verfehlt.

Die bedauerliche Wirkung des erwähnten Iradé zeigt sich aber auch noch nach einer andern Richtung hin.

Sie bestimmte, wie schon erwähnt, daß die Silbermedjidijé an öffentlichen Kassen (Regierungskassen und den früher genannten Ämtern) 19 Goldpiaster gilt, im Handelsverkehr zu Konstantinopel und an allen andern Plätzen, wo bis zum Inslebentreten des mehrerwähnten Gesetzes 1 Ltq. mit 108 Silberpiastern bewertet worden war, blieb es beim alten.

So waren ganz gegen die Intention des Gesetzgebers zweierlei Maßstäbe entstanden:

für den Handel und Verkehr

1 Ltq. = 108 Silberpiaster;

für den Verkehr mit den Regierungsämtern bzw. öffentlichen Kassen (s. S. 18):

1 Ltq. = 102,60 Piaster auf anderer Rechnungsgrundlage, zu sogenannten Regierungs- oder Fiskalpiastern.

Infolge der verfehlten Bestimmung haben nun die Steuerzahler und diejenigen, die verpflichtet waren, an öffentlichen Kassen Zahlungen zu leisten, nicht mehr in Gold bezahlt, sondern in Silber-Medjidijés, und es verlor das Türkische Reich infolge der ungeeigneten Gesetzesbestimmung an den Einnahmen aus diesen Geldern 2,6%.

Neben den beiden Piastermaßstäben — dem Gold- und dem Regierungs(Fiskal)-Piaster — machte sich aber an einzelnen Plätzen auch der Papierpiaster-Maßstab (s. S. 17) breit; so konnte man z. B. in Konstantinopel für

1 Ltq. Gold oder Papier 108 Silberpiaster, jedoch in Metalliques (Scheidemünze)

bloß 95 Piaster

erhalten, das Papiergeld hatte also einen geringeren Wert als die Scheidemünze. Durch die im Jahre 1902 seitens der Regierung getroffenen Maßnahmen ist das Verhältnis des Papiergeldes zur Scheidemünze günstiger geworden, so daß 1904 bereits 107 Piaster Metalliques für 102 Piaster in Papiergeld gegeben wurden.

Aber diese Ungleichartigkeit in der Bewertung des Goldpfundes in Piastern war noch nicht der größte Übelstand, — noch mehr Verwirrung brachte der Umstand, daß selbst für verschiedene Warenzahlungen an verschiedenen türkischen Plätzen andere Piasterumrechnungen für das türkische Pfund eingeführt waren, so daß der Käufer stets zu komplizierten Berechnungen gezwungen war und sich die Spekulation, die diese Kursunterschiede für sich geeignet zu benutzen suchte, breit machte.

Einzelne Beispiele sollen dartun, wie kompliziert das Rechnungs- und Zahlungswesen sich gestaltete:

Man rechnete beispielsweise im Handel in:

Konstantinopel, Brussa, Trapezunt	1 Ltq.	=	108 Silberpiaster,
Siwas	1 „	=	103 „
Baghdâd	1 „	=	103½
Jaffa	1 „	=	123¾ Saghpiaster,
Jerusalem	1 „	=	124 Papierpiaster,
Damaskus	1 „	=	129½ „
Beirut	1 „	=	141 „

Rücksichtlich der speziellen Bewertung des Ltq. nach Warengattungen:

in Konstantinopel:

1 Ltq.	im großen Verkehr	=	108 Silberpiaster,
1 „	im Getreide-, Kolonialwaren- und Mehlhandel	=	100 Goldpiaster,
1 „	im Butter- sowie im Olivenölhandel	=	105 Silberpiaster
1 „	im Handel mit Wachs	=	110 „
1 „	im Handel mit schwarzem Kaviar	=	120 Papierpiaster
1 „	im Handel mit rotbraunem Kaviar	=	140 „

in Smyrna:

1 Ltq.	bei Zahlungen von Wechseln, die auf Papierwährung lauten	= 125	Papierpiaster
1 „	im Handel mit Schafwolle	= 125	„
1 „	im Handel mit Sultaninen und Tafelfeigen	= 128	„
1 „	im Handel mit Manufakturwaren	= $135^{10}/_{40}$	„
1 „	im Handel mit Eisengegenständen	= $151^{10}/_{40}$	„
1 „	im Smyrnenser Lokalhandel (nach Tschuruk [d. i. „schlechten“ bez. Schein-] piastern)	= 178	Tschurukpiaster

[35 Tschurukpiaster = 20 Silberpiaster.]

Derartig komplizierte Umrechnungssätze bestanden an den meisten türkischen Handelsplätzen.

Der Fremde, der Konstantinopel zum ersten Male sah, war höchst befremdet darüber und konnte sich nur sehr schwer darin zurechtfinden, daß ihm die Silber-Medjidijé, wenn er Briefmarken, Zigarren oder Zigaretten kaufte, für 19 Piaster, wenn er beispielsweise in der großen Straße von Pera Ansichtskarten oder in einem Basar in Stambul Gebrauchsgegenstände kaufte, die gleiche Münze für 20 Piaster angenommen wurde, und daß endlich der Sarraf (s. S. 27) beim Umwechseln dieses talergroßen Silberstücks nur $18^1/_2$ Piaster in Silbergeld gibt.

Noch erstaunter war er aber gewesen, wenn ihm beispielsweise in Smyrna für diese Münze in dem einen Falle 28 Piaster, im andern 35 Tschuruk-Piaster berechnet wurden.

Das Dargestellte läßt unschwer erkennen, wie bedeutungsvoll für den zukünftigen Handel und Verkehr der Türkei eine Münzreform sein wird, die derartig anachronistischen Verhältnissen mit einem Schlage den Garaus bereitet.

c) Die Prägung aus Gold und der Goldhandel der Banken.

Wie aus dem bisher Dargestellten hervorgeht, besaß die Türkei seit Aufhebung der Freiprägung des Silbers die Goldwährung mit dem Goldpfund als Währungsgrundlage.

Der Münzwert ist infolge der gesetzlichen Bestimmungen der Freiprägbarkeit des Goldes an dessen Stoffwert gebunden.

Da aus einer Oka Feingold 192 türkische Pfunde geprägt werden, behält dieses Pfund (Ltq.) unveränderlich den Geldwert von $^1/_{192}$ einer Oka Gold, und letztere wieder stets den Wert von Ltq. 192,—.

Silbergeld ist zwar bis zur jetzigen Münzreform (s. S. 28) Kurantgeld gewesen, aber zufolge der Aufhebung der Freiprägung des weißen Metalles war es nicht mehr Währungsgeld.

Neben den kuranten Goldmünzen (à 500, 250, 100, 50 und 20 Piaster) zirkulierten bis zum Entstehen des Agios zu festen Sätzen folgende ausländische Münzsorten:

		Goldpiaster	Silberpiaster (Umrechnung 108)
1. Zwanzigfrankenstücke (Napoléond'or)	=	$87^1/_2$	$94^1/_2$
2. Zehnfrankenstück (halber Napoléond'or)	=	$43^3/_4$	$47^1/_4$
3. Pfundsterlingstücke (£)	=	110	118
4. halbe Pfundsterlingstücke (10 Schilling)	=	55	59

Von 1880 ab bildete sich auf diese Münzen ein mehr oder minder hohes Agio.

Im Februar 1916 — also vor Bekanntwerden der Münzreform, war das Zwanzigfrankenstück auf 89 Goldpiaster gestiegen und stieg nach Publikation des neuen Gesetzes auf 105 Goldpiaster.

Da aber die falsche Ansicht verbreitet ist, daß beim Handel mit fremden Geldsorten die Agiobildung unzulässig ist — was der Motivenbericht zum neuen Gesetze ausdrücklich als unrichtig bezeichnet —, sind viele Bankiers der Ansicht, daß der Napoléond'or wohl wieder auf die Grundlage des in Goldpiastern ausgedrückten Goldwertes sinken werde.

Der Umlauf ausländischer Silbermünzen war wohl untersagt, doch haben sich contra legem in vielen Gebieten Maria-theresientaler und in einzelnen Gebieten, insbesondere in Mesopotamien und in Anatolien, auch Silberfranken und Schillinge zu festen Sätzen eingebürgert; die Türkei konnte zufolge des wiederholt aufgetretenen außerordentlichen Kleingeldmangels nichts dagegen tun, und die Sarrafen haben dies später zu ihrem Vorteil ausgenutzt.

α) Die Einlieferung von Goldbarren zwecks Prägung.

Die „Kaiserlich Osmanische Münzstätte" zu Konstantinopel [Stambul (Zarb-Chané am Top Qapu)] übernimmt — wenn sie nicht gerade für das Osmanische Reich mit Ausmünzung beschäftigt ist, von Privaten Goldbarren im Höchstgewicht von $6^1/_2$ Oken (= $8^1/_3$ kg) und bezahlt für die Drachme 1000 millièmes (= $^{1000}/_{1000}$*)) feines Gold 48 Goldpiaster.

[Die Bestimmungen über den Goldhandel der Münzstätten werden durch die Münzreform vom 14. April 1916 in keinerlei Weise berührt.]

Berechnung:

Wieviel Piaster Gold	=	1 Drachme Feingold,
wenn 400 Drachmen	=	1 Oka Feingold
und wenn aus 1 Oka Feingold	=	192 Ltq. geprägt werden
und wenn 1 Ltq.	=	100 Goldpiaster sind?
Ergebnis	=	48.

Beispiel:

Liefert also beispielsweise eine Bank einen Goldbarren der türkischen Münze in Konstantinopel ein, der

6½ Oken wiegt

und 920 Tausendteile fein befunden wird, so erhält sie:

$6{,}5 \times 920 : 1000 = 5{,}_{98}$ Oken Feingold,

$5{,}_{98} + 400 = 2392$ à $48 = 114\,736$ Goldpiaster

= 1147 Ltq. 36 Piaster,

muß dagegen eine Prägegebühr bezahlen.

Aus dem Beispiel geht gewiß auch deutlich hervor, daß die Begriffe: sich Kurantmünzen prägen lassen oder Barren verkaufen identisch sind. Wenn die Münze genügend Vorrat an geprägten Stücken hat, kann sie gleich bei Übernahme der Barren die Goldstücke ausgeben.

*) Tausend Teile Gold in je 1000 Teilen; die Masse ist also frei von Zusatz (Legierung); mit $^{1000}/_{1000}$ wird daher das Feingold bezeichnet.

β) Der feste Tarif der Münzstätte für die Übernahme von ausländischen Goldstücken.

Die „Kaiserlich Osmanische Münzstätte“ zu Konstantinopel kauft aber auch ausländische Goldmünzen und bezahlt die Drachme Feingold mit 48 Piastern, hat aber unter Berücksichtigung der verschiedenartigen Feinheit einen Tarifsatz für die rauhe Drachme (Drachme in der Mischung der betreffenden Münze) festgesetzt.

	Piaster	Para	Der Festsetzung des Kaufpreises sind bei den nachstehenden Münzsorten die bezeichneten Einheitsgrade (in Tausendteilen) zugrunde gelegt.
Österr.-ungar. Dukaten	47,	10	985
holländische Dukaten	47		979
Sovereignd'or	44		916½
russische Imperialen oder Halbimperialen alten Gepräges	44		916½
russische Imperialen oder Halbimperialen neuen Gepräges	43,	7	900
Zwanzigfrankenstücke in französischem oder italienischem Gepräge	43,	7	900
ägyptische Hayriés und Pfunde	41,	36	873
spanische und mexikanische Doublonen	41,	30	870

Berechnungsbeispiel:

Liefert eine Bank in Konstantinopel an die dortige Münzstätte ägyptische Pfunde im Rohgewicht von 1120 Drachmen ein, so ist die Münzstätte in der Lage, sofort die Auszahlung in türk. Pfunden und Piastern vorzunehmen, da ja doch der Feingehalt dieser Münzsorte bekannt ist; sie wird $^{875}/_{1000}$ fein geprägt; die tatsächliche Feinheit ist jedoch auf Grund der Feststellungen durch die türkische Münzstätte mit $^{873}/_{1000}$ im Tarif angenommen.

Auf die Anzahl der Münzstücke kommt es hier nicht an, sondern lediglich auf das Gewicht.

Die Münzen wiegen 1120 Drachmen. Würde es sich um die Einlieferung von Feingold handeln, so wäre 1120 × 48 zu bezahlen.

Da aber die Münzen nicht aus Feingold geprägt sind, sondern — wie oben gesagt wurde — nach dem Tarif der Münzstätte nur $^{873}/_{1000}$ fein befunden werden, so bezahlt die Münzstätte für die Drachme nach Maßgabe der Beschaffenheit der Münzsorten nur

$48 \times {}^{873}/_{1000} = 41{,}904$, 41 Piaster 36 Para;

$1120 \times 41^{9}/_{10}$

469,28 Goldpiaster

= 469 Ltq. 25 Piaster.

γ) Der Goldhandel der Banken.

Der Goldhandel sowie auch der Handel mit ausländischen Goldmünzen liegt in der Türkei fast ganz in den Händen der Banken und der Sarafen (s. d.). Feststehende Handelsgebräuche haben sich dabei nicht herausgebildet.

An der Börse von Konstantinopel finden häufig Abschlüsse in größeren Goldmengen zu Arbitragezwecken oder seltener zur Einlieferung an die Münzstätte statt.

δ) Der Devisenhandel.

Mit „Devisen" bezeichnet man Wechsel, die auf die Valuta jenes ausländischen Platzes lauten, an dem sie zahlbar sind.

Devisen dienen als Zahlungsmittel für Schulden an das Ausland und als Einzugsmittel für Guthabungen daselbst; da durch sie Warenbezüge und Warensendungen ausgeglichen werden, sind sie für das Wirtschaftsleben eines Landes von hoher Bedeutung.

Dort, wo der Börsenverkehr gut organisiert ist, werden nicht nur gegenwärtige Forderungen an das Ausland in Form von Devisen gehandelt, sondern auch zukünftige, ebenso auch Schulden beglichen, die erst in späterer Zeit zu zahlen sein werden, und demzufolge greift in den Devisenhandel auch die Spekulation ein.

Aus diesem Grunde ist auch jetzt während des Krieges im Deutschen Reiche eine Kontrolleinrichtung für den Devisenhandel entstanden — die „Devisenzentrale".

In der Türkei liegt der spekulative Devisenhandel in den Händen von den Banken und Bankiers; der mit dem Valutenhandel eng verknüpfte Devisenhandel wird auch von den Sarafen regelmäßig betrieben. Im Devisenhandel begegnet man zwei Hauptarten der Berechnungsweise.

Devisen werden entweder in veränderlichen Preisen für eine fest bestimmte Menge ausländischen Geldes gehandelt („Preisnotierung") oder umgekehrt für eine veränderliche Menge ausländischer Wechselsumme, die für eine festgesetzte heimische Geldeinheit gegeben wird („Quantitätsnotierung").

Beispiel:

Die Ottomanbank Konstantinopel gibt für den Ankauf und Verkauf von Devisen folgende Kurse aus:

Changes	Ventes de la B. I. O.	Achats de la B. I. O.		Escompte officiel
Londres chèque Frs. par £ .	110 1/8	110,—	tel quel	
„ long „ „ „ .	110 5/8	110 3/8	moins	3%
France chèque Frcs. par Ltq.	22,97 ½	23,10	tel quel	
„ long „ „ „	22,75	23,—	moins	4%
Allemagne vue Mk. „ „	18,60	18,70	tel quel	
Autriche-Hongrie Kr. „ „	21,85	21,95	„ „	
usw.				

Erläuterung.

Die Devise London, die für die Türkei bis zum Ausbruch des Krieges die größte Wichtigkeit besaß, wird für die Einheit (1 Pfund Sterling) in veränderlichem Preise gehandelt [s. S. 28, „Preisnotierung“]. Ein höherer Preis zeigt sich an größeren Ziffern.

Wenn im Januar 1911 die Devise 110,2 notierte, im Januar 1912 110,5 und im Januar 1913 110,7, so bedeutet es, daß man für 1 £ Devise 1911 bloß 110 Piaster 2 Para, 1912 110 Piaster 5 Para und 1913 sogar 110 Piaster 7 Para gab. Long bedeutet: die Devise ist in 3 Monaten fällig. Selbstverständlich ist der Preis um die Zinsen für 3 Monate (zu dem beigesetzten Zinsfuße) zu kürzen, da eine später fällig werdende Devise weniger wert war.

Die links stehenden höheren Ziffern bedeuten die Preise für den Verkauf, die rechts stehenden (niedrigeren) Ziffern die Preise für den Kauf.

Der Goldwert für 1 £ in Piastern ausgedrückt ist 110. — Leicht einzusehen ist, daß, wenn man zu gewissen Zeiten mehr als 110 für die Devise London gibt, dies bedeutet, daß eben das hergegebene Geld (Piaster) nicht die geeignete Kaufkraft besitzt.

Wenn z. B. im Jahre 1848 der Preis der Devise in London 220,— betrug, so bedeutete dies, daß der Piaster in seiner Kaufkraft auf die Hälfte des Nennwertes herabgesunken war.

Daraus kann man aber auch ersehen, welche Ungeheuerlichkeit in dem Versprechen der Bankiers von Galata lag, Pfundwechsel in jedem gewünschten Betrage zu 110,— zu liefern, während sie damals zu 220,— gehandelt wurden. [S. auch „Das Sarrafenunwesen“.]

Daß auf solche Weise das Papiergeldwesen nicht saniert werden kann, ist etwas Selbstverständliches. Die Devisen Frankreich, Deutschland, Österreich-Ungarn usw. werden für den feststehenden Geldpreis 1 Ltq. in veränderliche Menge gehandelt. Je höher die Ziffer, desto billiger ist die Devise — man bekommt für die gleiche Geldsumme eben mehr Wechselmünze. [S. S. 25, „Quantitätsnotierung“.]

d) Das Sarrafenunwesen und Kleingeldgebrechen.

Die bedeutenden Finanznöte, in denen sich die Türkei wiederholt befand, haben das Entstehen einer festgeschlossenen Zunft von Geldspekulanten im Gefolge gehabt, gegen die auch die machtvollste Regierungspartei nicht ankämpfen konnte.

Diese „Sarrafen" (ṣarrâf = der Wechsler) hatten in Zeiten, in denen die Staatskassen außerstande waren, den Beamten die Gehälter zu bezahlen, Vorschüsse hierauf gegeben und sich mit der Hofpartei auf guten Fuß gestellt.

Sie bewucherten die Bevölkerung in einer unerhört rücksichtslosen Weise, insbesondere machten sie sich die Kleingeldmisere der Türkei zunutze.

Schon bei Besprechung der Gründung der Bank von Konstantinopel (s. S. 14) haben wir der verhängnisvollen Tätigkeit der Sarrafengruppe von Galata gedacht. Morawitz (-Schweitzer) sagt 1903 in seinem bestbekannten Werke „Die Türkei im Spiegel ihrer Finanzen": „Man kann sich unschwer die Unkenntnis in den elementarsten Grundsätzen der politischen Ökonomie vorstellen, die bei Gründung dieser Bank herrschten, die beauftragt war, Devisen mit einem festen, im voraus bestimmten Kurse zu liefern, ohne auf den Einfluß von Angebot und Nachfrage Rücksicht zu nehmen."

[Die türkische Regierung hatte 1845 mit den beiden Hauptteilnehmern an der Bank von Konstantinopel den Vertrag geschlossen, daß diese mit Hilfe einer jährlichen Subvention von 2 Millionen Piaster nach Maßgabe des Bedarfs der Regierung und auf deren Verlangen Wechsel auf London zu 110,— (s. S. 26) liefere, während damals Londoner Wechsel 1 Pfund Sterling für 220—222 Piaster gehandelt wurden.

Daß die „Bank", die ein solches Geschäft durchzuführen sich verpflichtete, zugrunde gehen mußte, ist unschwer einzusehen.]

Namentlich war es aber die türkische Kleingeldmisere, die chronisch geworden war und die eingangs erwähnten schweren Übelstände zeitigte.

[Über das Kleingeld der Türkei s. S. 21.]

An allen jenen Stellen, wo mit Kleingeld bezahlt werden mußte — wie z. B. an der großen Brücke, die von Galata nach Stambul führt, an der Kasse der Tunnelbahn, die nach Pera führt usw. —, haben sich Sarrafen seßhaft gemacht; sie verkauften dort dem Publikum die kleine Münze (Onparas = 10 Para) und erwarben später von der Brückenverwaltung die nach Hunderttausenden zählenden kleinen Münzen wieder billig zurück; man spricht davon, daß der damaligen Hofpartei angehörige Persönlichkeiten an dem Erfolge beteiligt gewesen sein sollen.

Kaufte jemand in Konstantinopel einen Gebrauchsgegenstand, beispielsweise für 3 Piaster, und besaß nur Medjidijés zu 20 Piaster, so mußte er beim Sarrafen wechseln lassen, denn kein Detaillist in Konstantinopel gab bei einem Verkauf eines Gegenstandes, der 3 Piaster ausmacht, den Rest zurück, ohne Wechselgeld zu berechnen.

Der Sarraf gab nun 3 Tschejrek (à 5 Piaster), 4 Piaster und 2 Onparas, behielt also für das Wechselgeschäft 2 Onparas zurück.

Nun mußte der Käufer vielleicht bei nächster Gelegenheit die 3 Tschejreks wieder in kleinere Münze umwechseln lassen (s. auch S. 27); er erlitt dann bei jedem Tschejrek einen Wechselgeldverlust von 1 Onpara; das Umwechseln des Medjidijés kostete daher 5 Onparas Wechselgeld = $6^1/_4$% Verlust. Der Nutzen, den die Sarrafengilde aus der Bedrückung des ärmsten Teiles der Bevölkerung, die ja doch auf den Kleingeldverkehr am meisten angewiesen ist, zog, war enorm.

Beispiel.

Kauft man beispielsweise beim Sarrafen 400 Metalliques (Onparas = 100 Piaster), so bezahlte man dafür $106^1/_4$ Piaster, wogegen dieser für 400 Metalliques 90—92 Piaster gab (ergibt ca. 18% Nutzen für den Verkäufer).

Es ist erfreulich, daß das neue Gesetz dem Kleingeldwucher durch verschiedene Maßnahmen (s. S. 31) einen Damm gesetzt hat.

E. Das neue Münzgesetz.

a) Das Gesetz vom 14. April 1916 im Wortlaute.

1. Gesetz über die Vereinheitlichung des Münzwesens vom 1. Nîsân 1332 (14. April 1916).

Artikel I. Die Grundlage des Münzsystems des Ottomanischen Reiches ist die Goldwährung. Die Münzeinheit ist der Piaster.

Artikel II. Der Piaster, der die Münzeinheit der Goldwährung darstellt, ist in Nickel geprägt und enthält 40 Para.

Die Bruchteile des Piasters zu 20, 10 und 5 Para sind aus Nickel geprägt, die Vielfachen zu 2, 5, 10 und 20 sind aus Silber und die zu 25, 50, 100, 250 und 500 Piaster aus Gold geprägt.

Artikel III. Die Arten, Gewichte und Legierungen der osmanischen Münzen sind die folgenden:

Nickelmünzen:

5 Para;	1,75 g	reines	Nickel
10 „ ;	2,65 g	„	„
20 „ ;	4 g	„	„
40 „ ;	6 g	„	„

Silbermünzen, Feingehalt:

2 Piaster;	2,405 g;	830	vom	Tausend
5 „ ;	6,14 g;	830	„	„
10 „ ;	12,27 g;	830	„	„
20 „ ;	24,13 g;	830	„	„

Goldmünzen, Feingehalt:

25 Piaster;	1,80 414 g;	916$^{2}/_{3}$	vom	Tausend
50 „ ;	3,60 828 g;	„	„	„
100 „ ;	7,21 657 g;	„	„	„
250 „ ;	18,04 142 g;	„	„	„
500 „ ;	36,08 285 g;	„	„	„

Artikel IV. Die Höchstgrenze des in Silber anzunehmenden Betrages sind 300 Piaster und in Nickelmünzen 50 Piaster.

Kein Gläubiger ist verpflichtet, einen höheren Betrag in Silber- oder Nickelmünze anzunehmen.

Artikel V. Die durch Gebrauch in verschiedenen Teilen des Reiches üblichen Münzkurse sind aufgehoben.

Münzspekulationen auf hohen oder niedrigen Kurs, als der Nennwert der Münze beträgt, sind verboten.

Zuwiderhandelnde werden gemäß Absatz III zu Artikel 99 des Strafgesetzes bestraft werden.

Artikel VI. Alle Münzoperationen, die darauf abzielen, Abweichungen vom gesetzlichen Münzkurse herbeizuführen, sind verboten.

Zuwiderhandelnde werden mit Gefängnis von drei Monaten bis zu zwei Jahren bestraft.

Wird dieses Delikt von einem Geschäftshause begangen, so ist der Urheber zu bestrafen und das Geschäftshaus für eine Frist von einer Woche bis zu drei Monaten zu schließen.

Artikel VII. Werden vor dem Inslebentreten dieses Gesetzes aufgenommene Schulden in Piastern berechnet, ohne Art und Wert der Münzen näher anzugeben, so hat die Bezahlung nach dem Münzkurse zu geschehen, der zur Zeit der Aufnahme der Schuld gegolten hat. Sind Art und Wert der Münzen angegeben worden, so hat die Zahlung demgemäß zu geschehen.

Der Staatsschatz macht hiervon eine Ausnahme. Für Zahlungen an ihn und von ihm gelten die im Artikel II angegebenen Münzkurse.

Artikel VIII. Der Ministerialerlaß von 1296 (1880) über das Münzwesen ist aufgehoben, ebenso wie alle andern Gesetze und Verordnungen, die den Bestimmungen des gegenwärtigen Gesetzes widersprechen.

Artikel IX. Mit Ausnahme der Artikel II und III gelten alle andern Bestimmungen dieses Gesetzes auch für jene Münzen, die zufolge des Gesetzes vom 28. Februar 1331 (1842) bis zum Ende des Jahres 1333 (1844) (bis zum Inslebentreten der Medjid-Gesetze) Geltung besitzen sollen.

Für die Annahme dieser Münzsorten gelten die gleichen Höchstgrenzen wie für Nickelmünzen.

Gleichzeitig mit dem Münzgesetze wurde publiziert:

2. Verordnung des Finanzministeriums, betreffend die Eröffnung von öffentlichen Kassen zwecks Einwechselung von Kleingeld.

Es werden öffentliche Kassen errichtet, an denen jedermann zu den festgesetzten Stunden in der Lage sein wird, Kleingeld einzuwechseln.

Solche Kassen werden zunächst eingerichtet in Konstantinopel:

1. bei den Polizeiämtern,
2. bei den Steuereinhebungsstellen,
3. bei der Brückenverwaltung für Galata am Goldenen Horn,

an andern noch bekannt zu gebenden Stellen in Konstantinopel sowie auch anderwärts.

Die Schalter sollen werktäglich von 8 Uhr früh bis 6 Uhr abends offen gelassen werden.

Eine einzelne Person wird zunächst nur ein Viertelpfund (25 Piaster) Gold oder Papier einwechseln können.

Ein auf einen höheren Betrag lautendes Münzstück oder eine größere Note wird stets nur in der Weise eingewechselt, daß für 25 Piaster Kleingeld gegeben wird, die weiteren Beträge in größeren Münzen oder in Papiergeld. [S. die Erläuterung S. 27.]

[Diese Verordnung enthält nach den hier gemachten Angaben auch noch die Begründung für die Errichtung solcher öffentlichen Kassen; das Finanzministerium spricht darin in rückhaltloser Weise über die üble Gewohnheit der Bevölkerung, Hartgeld zurückzubehalten, aber auch über den bisher bestandenen Krebsschaden im Zahlungsverkehr, über die Bewucherung der armen Bevölkerungsklassen durch die berufsmäßige Organisation der Wechsler (Sarrafen).]

b) Erläuterung des neuen Münzgesetzes.

Im Artikel I wird die neue Währung der Türkei direkt als Goldwährung bezeichnet.

Wie in allen Goldwährungsländern mit modernem Rechnungssystem wird die Einheit der Währung in einem niedriger wertenden Metalle geprägt — in der Türkei nicht in Silber, sondern sogar in einem unedlen Metall — in Nickel.

Die Scheidemünzen aus früherer Zeit werden eingezogen. [Münzgesetze vom 25. März 1914 und 1. März 1915.]

Es zirkulierten bisher im Osmanischen Reich als Scheidemünzen:

a) Münzen älterer Prägung:

(„1. Metalliques („Billions turcs"), Halbpiasterstücke „(Jarymlyq") und Viertelpiasterstücke („Onparastücke"). (Vor 1900 waren ganz abgescheuerte, flache Stücke in Umlauf, die nahezu wie Blech aussahen, und Onparas neuerer Prägung mit Halbmondzeichen.)

2. Altylyqs.

Die Altylyqs waren Stücke aus der Münzverschlechterungszeit. Der alte Altylyq hatte ursprünglich einen Wert von 6 Piaster; später (bis 1900) 5 Piaster (besch = 5; daher „Beschlik", auch „Gurusch" genannt).

3. Die alten „Beschlik".

Ältere Münzen aus der Zeit vor Sultan Medjid, die später auf den halben Wert gesetzt wurden; ursprünglich 5 Piaster geltend (daher Beschlik), später auf 2½ Piaster Wert herabgesetzt (jüz = 100; „Jüzlük" = hundert Para oder 2½ Piaster).

Durch die oben erwähnten beiden Münzgesetze (vom 25. März 1914 und 1. März 1915) sind die bisherigen Scheidemünzen außer Kurs gesetzt.

Es werden nach Ablauf der Einziehungsfrist in der Türkei nur Nickelscheidemünzen in Umlauf sein.

[S. a. Münzgesetz vom 14. April 1916, Artikel III, S. 29.]

Der Piaster selbst — das Einpiasterstück — wird nicht in Silber, sondern in Nickel ausgeprägt, die kleinste Silbermünze ist nunmehr das Zweipiasterstück.

Der Artikel IV stellt fest, daß von nun ab Silbergeld nur bis zu 300 Piaster in Zahlung genommen zu werden braucht (s. Erl. S. 29).

Durch die Bestimmungen der Artikel V und VI ist der Kurstreiberei der Sarafen ein Ende bereitet; Münzen dürfen nur zu ihrem Nennwert umlaufen; Agiotage mit dem Gelde des Ottomanischen Reiches ist in diesem unter strenge Strafen gestellt.

c) Erwartungen, die an die Wirkung der neuen Münzgesetze geknüpft werden.

Die im vorstehenden geschilderten großen Übelstände im Geld- und Zahlungswesen der Türkei können naturgemäß nicht mit einem Male verschwinden.

Das zähe Festhalten der Osmanen an dem Gewohnten wird zweifellos es mit sich bringen, daß die Vorteile der wohldurchdachten und nach jeder Richtung hin zweckmäßig aufgebauten Reform sich erst nach längeren Zeitläuften geltend machen werden.

Daß das neue Gesetz sich in seiner Hauptrichtung gegen die willkürliche Piasterbewertung, die sich allüberall in der Türkei eingenistet hatte, und gegen den Kleingeldwucher richtet und diese unter Strafe stellt (Art. V und VI), ist lebhaft zu begrüßen.

Das Exposé explicatif, mit dem die Regierung das Gesetz, das im Amtsblatt Nr. 2498 am 1. Nissan 1332 (14. April 1916) erschien, einführte und das auch im „Hilal" am 15. April 1916 in französischer Sprache im Abdruck erschien, spricht es unumwunden aus, daß das Türkische Reich durch die schwunghaft betriebene Spekulation mit dem heimischen Gelde an seinen Einnahmen jährlich eine Einbuße von nahezu einer Million Pfund erlitten hatte.

Der Gewohnheit der Bevölkerung, das Hartgeld zurückzuhalten, kann wohl weniger durch Belehrung als dadurch entgegengearbeitet werden, daß eben genügende Zahlungsmittel aller Kategorien bereitgestellt werden und so der Vorteil der Thesaurierung verschwindet.

Die Gesetzgebung hat es anerkennenswerterweise vermieden, durch die Schaffung eines neuen Geldmaßstabes eine neue Diffikultät in das Geldwesen hineinzutragen.

Die Goldmünzen werden in derselben Größe und Feinheit weiter ausgeprägt, wie dies das Medjid-Gesetz festsetzt. (Vgl. S. 6, Goldmünzenausprägung nach dem Gesetz 1844, mit Artikel III des neuen Gesetzes [S. 29].) Das gleiche gilt von den Silbermünzen, obgleich diese nunmehr Scheidemünzen sind (vgl. wie oben).

Das Einpiasterstück als die Einheit der neuen Währung wird nicht mehr, wie nach dem Medjid-Gesetz, in Silber, sondern in unedlem Metalle (Nickel) ausgeprägt.

Eine wichtige Frage ist noch zu beantworten:

Wird die Gleichstellung des Silbergeldes mit dem Goldgelde (5 Medjidijé = 1 Goldpfund) im Rahmen der Bestimmungen des Artikels IV (s. S. 29), die jetzt unabänderlich festgesetzt ist, auf die Preise im Kleinhandel einen nennenswerten Einfluß nehmen? — Wir sagen Kleinhandel, da im Großhandel und Bankverkehr ja doch schon vor Schaffung des neuen Gesetzes vielfach nach Goldpiastern gerechnet wurde.

Die Regierung hat in dem erwähnten Exposé die Frage bejaht und ihre Meinung dahin zum Ausdruck gebracht, daß die Preise der Kleinhandelsartikel wohl billiger werden müßten, da der Wert des Piasters durch die gesetzliche Maßnahme erhöht wurde.

Sie führt dies wie folgt aus: Hat der Kaufmann beim Einkauf von Waren früher 100 Piaster in Form von 5 Medjids bezahlt, so wird er jetzt gewiß nicht geneigt sein, für dieselbe Ware ein Goldpfund oder die diesem nunmehr im Werte gleichgestellten fünf Medjids zu geben; er wird vielmehr verlangen, daß ihm die Ware um ca. 8% billiger verkauft werde, und wird demzufolge auch wieder in der Lage sein, sie billiger zu verkaufen.

Dieser Ansicht wird aber entgegengehalten, daß bei einer Währungsänderung wie die in der Türkei, wo die alte Währungseinheit nominell erhalten geblieben ist, insbesondere bei einem in der Kriegszeit geschaffenen Gesetz, auf eine derartige Preisherabsetzung kaum zu zählen ist.

Man schließt sogar auf das Gegenteil und motiviert dies wie folgt:

Hatte der Kaufmann, der früher eine Ware für 100 Piaster einkaufte, in Zahlung ein Goldpfund gegeben, so mußte ihm der Verkäufer, da das Goldpfund 108 Piaster Wert besaß, 8 Piaster herausgeben.

Kauft er jetzt zum gleichen Preise Waren ein und gibt ein Goldpfund, das ja 100 Piaster gilt, so wird der Verkäufer doch nicht daran denken, ihm 8 Piaster herauszugeben.

Er kauft also, wenn er sich an den Verkehrsmaßstab hält, teurer ein.

Es läßt sich heute schwer eine Voraussage dahin geben, wie das neue Gesetz nach dieser Richtung hin wirksam wird; einige Zeit müssen wir schon verstreichen lassen, bevor ein richtiges Urteil zu fällen möglich sein wird.

Soviel läßt sich aber heute schon sagen, daß das neue Gesetz, das mit großer Vorsicht und Sachkenntnis ausgearbeitet ist, sich würdig an die Seite der Münzgesetze anderer großer Staaten stellen kann, und daß es sich in geeigneter Weise den übrigen Gesetzen anpaßt, die das große Reformwerk im Osmanischen Reiche geschaffen hat.

II. Das Bankwesen.

1. Entwickelung.

Im Osmanischen Reiche hängt das Bankwesen mit dem Staatsfinanzwesen enger zusammen, als dies in irgendeinem andern Lande der Fall ist.

Die Berechtigung dieser Behauptung findet man, wenn man die großen Störungen im Staatsfinanzwesen mit den wiederholten Wandlungen, die bei den Banken sich ergeben haben, in Vergleich zieht.

Dr. Schäfer [1]) unterscheidet rücksichtlich der Entwicklung des Bankwesens in der Türkei vier Perioden.

1. die Zeit bis zur Gründung der Banque Impériale Ottomane im Jahre 1863;
2. die Periode 1863—1876 (Staatsbankerott);
3. die Periode vom Staatsbankerott bis zur Wiederherstellung der Konstitution 1908, Schaffung der Dette Publique, Entwickelung der Ottomanbank zum **Kreditinstitut** und zur lokalen Notenbank; Aera der **Gründung moderner Auslandsbanken**;
4. die Periode von 1908 bis zum Ausbruch des Krieges: jungtürkische, der Ottoman-Bank feindliche Finanzpolitik, Ausbau Konstantinopels zum internationalen Bankplatze.

Bezüglich der ersten Periode bis zur Gründung der Ottomanbank ist nicht viel zu sagen; einzelner Momente gedachten wir

[1]) „Ziele und Wege für die jungtürkische Wirtschaftspolitik" von Dr. Karl Anton Schäfer. Karlsruhe 1913.

schon bei Besprechung der Währungsverhältnisse sowie der Wechselkurse.

(Wir erwähnten dort das rücksichtslose Treiben der Sarafen, die Gründung der Spekulantengruppe aus Galata; Bank von Konstantinopel, der die Bezeichnung als „Bank" gar nicht gebührte.)

2. Die Errichtung der Ottoman-Bank.

Am 4. Februar 1863 wurde durch kaiserlichen Ferman die Banque Impériale Ottomane als Staatsbank — besser Finanzagent bezeichnet — mit 30jähriger Konzession errichtet.

Ihr Aktienkapital betrug damals $67^1/_2$ Millionen Franken (zur Hälfte eingezahlt).

Wir haben die Bank als einen Finanzagenten bezeichnet, weil sie sich dazu hergab, Geldinstitute zu gründen und ihren Einfluß dann in der Weise auszuüben, daß diese ihre Mittel dem türkischen Staate zur Verfügung stellten.

So entstanden 1864 die „Société Générale de l'Empire Ottoman", 1868 der „Crédit Général Ottoman" und 1871 die „Banque Austro-Ottomane".

Der türkische Staatsbankerott hatte zur Folge, daß diese Institute von der Bildfläche wieder verschwanden.

In der dritten Periode (1876—1908; siehe früher) war die Bank selbst Geldgeber des Staates.

Durch Ferman vom 18. Februar 1875 wurde die Konzessionsdauer der Bank von 30 auf 50 Jahre verlängert und das Aktienkapital vervierfacht; die Bank errichtete mehrere Zweigniederlassungen und auch diese wurden von den Finanzinstituten der einzelnen Wilajets stark in Anspruch genommen.

Hervorragend war die Ottoman-Bank von 1888 ab — der Zeit des Entstehens der Finanzgruppe der Deutschen Bank zum Baue der Bagdadbahn — an Bahnbauten beteiligt [1]).

Nun beginnt die Ära des Interesses der Bank an ihren kreditpolitischen Aufgaben, eine Tätigkeit, die bis dahin von ihr viel zu wenig beachtet worden war.

---

[1]) „Société de chemins de fer Ottomans de Beyrouth—Damas—Hauran en Syrie", „Companie du chemin de fer Ottoman-Jonction Salonique-Constantinople" etc.

Vielleicht gab die Errichtung des staatlichen Institutes „Banque Agricole“ (1888) den Anlaß.

Bemerkenswert ist übrigens, daß die geänderte Richtung mit dem Wechsel in dem Direktorium der Bank, der sich 1890 vollzogen hatte, eng zusammenhängt.

Wir kommen auf die weitere Entwicklung der Ottoman-Bank im fünften Abschnitt dieser Arbeit noch zurück.

3. Die Errichtung der Banque Agricole.

Die Bank, ein staatliches Institut — das dem Ministerium für Handel und öffentliche Arbeiten untersteht —, ist 1888 aus den „Caisses d'interêts“ entstanden.

Der Hauptsitz befindet sich in Konstantinopel; Filialen wurden an fast allen größeren Handels- und Verkehrsplätzen der Türkei errichtet.

Die Betätigung dieser Bauernbank besteht in der Vermittlung aller Art landwirtschaftlicher Finanzgeschäfte; insbesondere in der Gewährung von Geldvorschüssen an Landwirte gegen hypothekarische Sicherung auf verpfändungsmöglichen Grundbesitz oder gegen sonstige Garantien, zu welchen unter anderem die Zeugnisse des „Rates der Greise des Dorfes“ zählen.

Die Bank, die ein gesundes Bedürfnis zweckmäßig befriedigt, entwickelt sich sehr gut und wird von Jahr zu Jahr stärker in Anspruch genommen.

Dem ungeachtet wurde sie vor drei Jahren in einzelnen Zweigen der Geschäftsführung reorganisiert.

4. Die Errichtung von Filialen ausländischer Banken.

Die Erfolge, die nun unter der neuen Leitung die Ottoman-Bank als Kreditbank aufzuweisen hatte, die rasch aufsteigenden Umsatz- und Erfolgsziffern der Bauernbank — sie hatten naturgemäß im Gefolge, daß sich das Ausland dieses Tätigkeitsfeld nicht entziehen lassen wollte.

So wurde 1875 eine Filiale des Crédit Lyonnais Constantinople errichtet.

1888 gründete das Comptoir National d'Escompte, Paris, mit der k. k. priv. österr. Länderbank und der Firma Gebrüder Allatin die Banque de Salonique, 1898 wurde die Deutsche Palästina- und Orient-Gesellschaft m. b. H. durch eine große Finanzunternehmung in Berlin in die Deutsche Palästina-Bank umgewandelt, die in Beirut, Jaffa, Damaskus und Haifa Zweigstellen besitzt.

Durch die Gruppe der Nationalbank für Deutschland, Dresdner Bank und den Schaaffhausenschen Bankverein wurde 1906 die Deutsche Orient-Bank mit einem Kapitale von 32 Millionen Mark ins Leben gerufen; sie entwickelte sich sehr günstig und unterhält im Ottomanischen Reiche zurzeit sieben Filialen.

Im selben Jahre errichtete der Wiener Bankverein in Konstantinopel eine Filiale, und es ist ihm durch engere Vereinigung mit der Ottoman-Bank gelungen, unter den Banken Konstantinopels in vorderster Reihe zu stehen.

Endlich sei auch noch der 1909 errichteten Banque Nationale de Turquie und der Banque de Turquie pour favoriser le Commerce et l'Industrie; beide in Konstantinopel, gedacht.

5. Der gegenwärtige Stand des Bankwesens.

Bei Ausbruch des Krieges hat die Ottoman-Bank gänzlich versagt.

Man konnte nun deutlich wahrnehmen, um wieviel mehr die ausländischen Banken, die in der Türkei gearbeitet hatten, für die türkische Volkswirtschaft Ersprießliches geschaffen hatten.

Man braucht nur die Tatsache zu erwähnen, daß z. B. der Hauptdirektor der Bank Sir Edgar Vincents bestrebt war, so viel als möglich von den südafrikanischen Goldshares — den bedenklichsten Spekulationsobjekten — der Bevölkerung zur „Anlage" zu empfehlen, um sich Klarheit zu verschaffen, welche verhängnisvolle Wirkung der englische Einfluß ausübte.

Der Umstand, daß die Statuten den Paragraphen enthielten, die Bank sei berechtigt zu „toute opération qui ressort des fonctions d'une institution de Banque", sag wohl alles; die Bank kann, kurz gesagt, alles unternehmen, was sie will, und die Statuten sanktionieren den Vorgang.

Aber auch die Frage bezüglich der Notenausgabe der Bank drängt zur Besprechung.

Die Bank hat nach Artikel 9 ihrer Statuten das ausschließliche Recht, Noten auf den Inhaber und bei Sicht zahlbar auszugeben; die Einlösung dieser kann aber nur am Orte der Ausgabe verlangt werden.

Durch diese Bestimmungen wurden die Noten, die in Konstantinopel zur Ausgabe gelangen, von den Bankfilialen in der Provinz nicht honoriert, und es entstand darauf bisweilen ein Disagio, das die ohnedies verworrenen Zahlungs- und Kreditverhältnisse der Türkei noch mehr verwirrten.

Die geschilderten Mißstände haben dazu geführt, gründliche Reformen vorzunehmen.

Zunächst brachte der Krieg es mit sich, daß die englische Bankleitung ausscheiden mußte.

Aber die Reform greift viel weiter.

Nur noch neun Jahre währt die Konzession der Ottoman-Bank; sie wird nicht wieder verlängert, und eine neue Bank tritt an ihre Stelle, die von einer Gruppe von österreichischen und ungarischen Großbanken ins Leben gerufen wurde, die „Osmanische National-Kredit-Bank" („Osmanly litibar Milli Bancasy").

Das Kapital dieser neuen Bank beträgt 4 Millionen Pfund, eingeteilt in 400 000 Aktien à 10 Pfund, so daß auch den Minderbemittelten möglich gemacht ist, Aktien zu zeichnen, die nur mit 50% einzubezahlen sind [1]).

Nur türkische Untertanen dürfen Aktionäre werden.

Die Bank wird die Vermittlerrolle übernehmen, um ausländisches Kapital für Industrieunternehmungen heranzuziehen.

Nach Ablauf der Konzession der Ottoman-Bank wird diese neue Bank eine Staatsbank werden und das Notenprivileg zuerkannt erhalten.

---

[1]) Im Deutschen Reiche ist im Gegensatze zu der in der Türkei herrschenden Ansicht handelsgesetzlich verboten, Aktien unter 1000 M. zur Ausgabe gelangen zu lassen.

Für die Oberleitung der neuen Bank ist ein hervorragender Bankfachmann in Aussicht genommen.

Wir schließen unsere Ausführungen mit dem Wunsche, daß es der Türkei in Verknüpfung mit den sonstigen wirtschaftlichen Reformen gelingen möge, ihr Bankwesen dem hochbedeutenden Umschwunge, der sich auf allen Gebieten des Wirtschaftslebens jetzt schon zeigt und bei Eintritt des Friedens gewiß noch deutlicher kundgeben wird, in geeigneten Formen anzupassen. Das allerbeste Bestreben hierzu hat sie schon an den Tag gelegt.

Die Industrialisierung der Türkei

Von

Gustav Herlt, Konstantinopel.

Inhaltsverzeichnis.

I. Jungtürkische Bemühungen um die Hebung der Industrie.

Die Industrie hat in der Türkei in den letzten Jahren ansehnliche Fortschritte gemacht. Unter dem absolutistischen Regime wurden ihr zwar die größten Schwierigkeiten bereitet, sie entwickelte sich aber trotzdem. Sultan Abdul-Hamid liebte die Technik nicht sonderlich, weil sie allerhand Dinge erzeugte, die seinem Leben und seiner Herrschaft hätten gefährlich werden können. Die Einfuhr von Sprengmitteln aller Art und von Chemikalien, die zu ihrer Bereitung hätten dienen können, war streng verboten, die Abgabe von Pulver und Dynamit an Bergwerksbetriebe und Bauunternehmer außerordentlich erschwert, der Einführung der elektrischen Beleuchtung setzte er den größten Widerstand entgegen, desgleichen der Einführung von Automobilen. Konzessionen für neue Fabriken und Verkehrsunternehmungen waren sehr schwer zu erhalten und nur unter Aufwendung erheblicher Geldopfer.

Die Beamten, besorgt um ihre Stellung, behandelten natürlich die Industrie auf die gleiche Weise. Alle Angelegenheiten, die sie betrafen, wurden unglaublich verschleppt, und ohne großen Bakschisch war überhaupt nichts zu erreichen. Hatte ein Unternehmer nach jahrelangen Bemühungen endlich die Konzession für ein industrielles Unternehmen erlangt, dann war sie mit so viel Spesen belastet, daß das geplante Unternehmen von vornherein dem Tode geweiht war. Wie viele haben nach kurzem Bestande den Betrieb wieder einstellen müssen, und wie viele haben jahrelang an den Gründungsunkosten zu tragen gehabt!

Mit dem Sturze des Absolutismus kamen für die Industrie bessere Zeiten. Die neuen Machthaber sahen die Notwendigkeit einer eigenen Industrie ein und suchten deren Entwicklung auf alle Weise zu fördern. Aber alte, eingefressene Übelstände lassen sich nicht über Nacht beseitigen. Eine Menge unfähiger Beamten wurde entlassen, die Verwaltung verbessert und auch die Gesetzgebung den Bedürfnissen von Handel und Industrie angepaßt.

Eine der ersten wirtschaftlichen Maßregeln großen Stils der Jungtürken war der Versuch, das türkische Reich in der Versorgung mit Spiritus vom Auslande unabhängig zu machen. Die Türkei führte fast ihren gesamten Bedarf an Spiritus aus dem Auslande ein, im Inlande wurde nur wenig aus der Destillation von Weintrauben und Rosinen gewonnen. Als durch die Erhöhung der Zölle auf Rosinen in den Hauptabsatzgebieten die Rosinenausfuhr aus der Türkei stark zurückging und die Preise sanken, so daß viele Winzer die Weinstöcke herausrissen und sich andern Kulturen zuwandten, schlug die Regierung vor, den unverkäuflichen Überschuß von Rosinen zu destillieren, und wollte zu diesem Zwecke der Einfuhr fremden Spiritus Beschränkungen auferlegen. Aber die Pläne der Regierung scheiterten am Widerstande der Mächte, die in der Beschränkung der Spirituseinfuhr eine Verletzung der bestehenden Handelsverträge erblickten. Berechnungen von Fachmännern ergaben, daß die Türkei ihren Bedarf an Spiritus durch Destillation von Trauben und Rosinen zwar selbst decken könnte, daß aber dieser Spiritus viel teurer käme als der eingeführte, und zwar im Verhältnis von 1 : 2,44 bei Weinspiritus und von 1 : 2,17 bei Rosinenspiritus.

Im Jahre 1913 (1329) wurde ein Gesetz über die Förderung der Industrie erlassen. Der Wohltaten dieses Gesetzes werden alle bestehenden und zu gründenden Unternehmungen teilhaftig, deren Betriebskraft mindestens 5 Pferdestärken und deren Anlagekapital mindestens 1000 türkische Pfund beträgt und die soviel Arbeiter beschäftigen, daß mindestens jährlich 750 Arbeitstage ausgefüllt werden. Die Arbeiter, mit Ausnahme der technischen Fachmänner, müssen türkische Untertanen sein. Der Staat gewährt allen Fabriken, die diese Bedingungen erfüllen und sich den im Gesetze vorgeschriebenen Förmlichkeiten unterwerfen, folgende Erleichterungen und Wohltaten: 1. Erledigtes Staatsland bis zum Ausmaße von 5 Dönüms für den Bau und die Erweiterung von Fabriken unentgeltlich, wie auch die Besitztitel unentgeltlich ausgefolgt werden. 2. Grundstücke und Fabrikgebäude sind befreit von der Grundsteuer, dem Temettü (Gewerbesteuer) und dem Bedel-i-uschur (Gegenwert für den Zehnten) und allen Zuschlägen. 3. Feuerfeste Ziegel, Träger, Maschinen, Geräte und was sonst zur Errichtung einer Fabrik gehört, genießen Zollfreiheit, wenn diese Waren aus dem Auslande eingeführt werden, bis zu dem Zeitpunkte, wo diese im Lande selbst erzeugt werden. 4. Die Rohstoffe, die das Land nicht hervorbringt, genießen gleichfalls Zollfreiheit. Das Handelsministerium stellt eine Liste dieser Rohstoffe auf, die höchstens 1—5 Jahre in Kraft bleibt. Die Teppichwebstühle genießen gleichfalls Zollfreiheit. 5. Vom Eingangszoll sind befreit Material, Werkzeuge und Geräte für den Bau von Straßen, Eisenbahnen, Kanälen, Schwebebahnen und alle sonstigen Verkehrs- und Transportmittel, die die Fabriken für ihren eigenen Gebrauch anlegen und die sie mit der nächsten Eisenbahnstation oder dem nächsten Hafen verbinden sollen. Hierfür benötigtes Staatsland wird unentgeltlich überlassen. 6. Die Unternehmer können für die Anlage elektrischer Leitungen auf Staatsland und längs der Staatsstraßen Masten aufstellen, ohne dafür etwas bezahlen zu müssen. Diese Masten können auch auf Privatland errichtet werden, jedoch muß der Besitzer für allen Schaden entschädigt werden. Der Staat wird bei seinem Bedarf v. a. die einheimischen Fabriken berücksichtigen. Später wurde dieses Gesetz dahin abgeändert, daß diese Begünstigungen ausschließlich osmanischen Staatsangehörigen und osmanischen Aktiengesellschaften zuteil werden [1]). Schon erworbene Rechte bleiben aber weiter in Kraft, auch wenn sie auf andere osmanische Staatsangehörige oder Aktiengesellschaften übertragen werden, verfallen aber, wenn sie auf Fremde übertragen werden.

Die jüngste Maßregel der türkischen Regierung für die Beförderung der türkischen Industrie ist der neue Zolltarif, der am 14. September 1916 in Kraft getreten ist. Er begünstigt durch hohe Zölle die Industriezweige ganz außerordentlich, wofür in der Türkei die natürlichen Vorbedingungen ihres Gedeihens gegeben sind. Diese Industrien sind hauptsächlich die Textil-

[1]) Vgl. die Bemerkungen über die jungtürkische Gewerbepolitik im Anhang S. 78 u. 79.

industrie, die Gerberei und Lederverarbeitung, die Konfektion, die Tischlerei u. a. Wenn die neuen Zölle nicht durch die Handelsverträge gemildert werden, wird in manchen Zweigen die fremde Einfuhr stark zurückgehen.

II. Roh- und Hilfsstoffe.

Welche Vorbedingungen sind nun in der Türkei für die Entwicklung der Industrie gegeben? Erzeugt sie genug Rohstoffe, verfügt sie über genügend Arbeitskräfte, Kapital, Verkehrswege und was sonst dem Emporblühen der Industrie förderlich ist?

Beginnen wir mit den Rohstoffen. Vor dem Kriege hatte man in allen Ländern weniger Gewicht darauf gelegt, ob das Land die von der Industrie benötigten Rohstoffe selbst erzeuge, man bezog sie einfach aus dem Auslande, wie Baum- und Schafwolle, Jute, Gummi u. v. a. Der Krieg hat gezeigt, wie gefährlich für einen Staat die Abhängigkeit in der Beschaffung der industriellen Rohstoffe vom Auslande werden kann, und in Zukunft werden alle Industriestaaten darauf bedacht sein, sich in dieser Hinsicht möglichst unabhängig zu machen. Die Türkei befindet sich in der glücklichen Lage, eine Anzahl von Rohstoffen selbst hervorzubringen, die die europäischen Staaten aus dem Auslande einführen müssen.

An Rohstoffen der Landwirtschaft erzeugt die Türkei v. a. Getreide für die Müllerei, Gerste und Hopfen für die Bierbrauerei, Mohrenhirse und Traubentrester für die Brennerei. Kartoffeln und Roggen kommen für letztere nicht in Betracht, da sie wenig gebaut werden. Der Vergrößerung ihres Anbaues steht aber nichts im Wege. Bei dem Reichtum an brachliegendem Lande kann der Anbau von Getreide, Kartoffeln und Hopfen noch bedeutend ausgedehnt werden, so daß es der Müllerei, Brauerei, Stärkefabrikation und Spiritusbrennerei nicht an Rohstoffen mangeln kann.

Über die Zuckerrüben gehen die Ansichten der Fachleute auseinander. Es gibt zwar Gegenden in der Türkei, wo die Zuckerrübe genügend Feuchtigkeit vorfindet und bei der höheren Sommerwärme einen größeren Zuckergehalt ansetzt als in Deutschland, im allgemeinen aber kann das Klima der Türkei als zu trocken für den Zuckerrübenanbau betrachtet werden. Die Zuckerrübe kann deshalb nur auf bewässerbarem Lande mit Erfolg angebaut werden. Sie verlangt auch viel Pflege, und die würde man ihr hier kaum angedeihen lassen können, da es an Arbeitern gebricht. Die Einheimischen bücken sich auch nicht gern. Besser sind die Aussichten für die Rohrzuckerindustrie. Das Zuckerrohr gedeiht in einzelnen klimatisch begünstigten Landstrichen sehr gut. Auf den durch die geplanten Bewässerungsanlagen in der Ebene von Adana erschlossenen Ländereien soll außer Baumwolle hauptsächlich Zuckerrohr angepflanzt werden. Die vor dem Kriege in Beirut gegründete Aktiengesellschaft für Zuckerindustrie denkt wohl v. a. an die Rohrzuckergewinnung.

An der West- und Südküste Kleinasiens und auf den ägäischen Inseln gedeiht vorzüglich die Olive. Andere Ölpflanzen sind Sesam, Mohn, Flachs, Hanf, Baumwollsamen, Wal- und Haselnüsse.

An Gespinstfasern erzeugt die türkische Landwirtschaft Wolle, Tiftik, Ziegen- und Kamelhaare, Baumwolle, Hanf, Flachs und Seide.

Wichtig sind vor allem die tierischen Gespinstfasern. Die Türkei besitzt stattliche Schafherden, und das Schaf spielt in der türkischen Volkswirtschaft eine größere Rolle als das Rind. Die Schafzüchter sehen aber mehr auf die Fleisch- als auf die Wollgewinnung, weshalb sie auch nichts für die Verfeinerung der Wolle tun. Die Wollgewinnung ist bedeutend.

Ein eigenartiges Erzeugnis der Türkei ist der Tiftik (Mohär), die Wolle der Angoraziege. Sie wird von den östlichen Wilajets geliefert. Die Wolle ist um so feiner, je dürftiger die Nahrung ist, die die Ziege auf den Bergen findet. Der Tiftik ist bisher ausschließlich nach England ausgeführt worden. Im Lande wird viel Tiftik von der Teppichknüpferei verbraucht. Die Haare der schwarzen Ziegen und des Kamels sind von geringerer Bedeutung.

Die türkische Viehzucht liefert für die Gerberei viele Häute und Felle: Rinds- und Büffelhäute, Schaf-, Lamm- und Ziegenfelle, Gedärme, die Jagd überdies Wildfelle (Hasen-, Wolfs-, Fuchs-, Schakal-, Wildkatzen-, Bären-, Marder- u. a. Felle). Die Rindshäute sind ziemlich leicht, da das Vieh klein ist, und werden beim Abhäuten vielfach zerschnitten. Die Schaf- und Lammfelle gehen zum großen Teil ins Ausland. Für die Gerberei liefert das Land auch genügend Gerbstoff, nämlich Eichen- und Fichtenrinde, Galläpfel, Wallonen (Ackerdoppen), Aleppokiefer und arabische Akazie. Seit der Vernichtung der Konstantinopler Hunde kommt Hundekot als Gerbstoff nicht mehr in Betracht. Er bildete früher ein Ausfuhrgut.

Fett liefert die türkische Landwirtschaft wenig, da die Schweinezucht keine Rolle spielt und auch die Gänsemast vernachlässigt wird. Fett liefern nur Rind und Schaf. Ein großer Teil der hier gezüchteten Schafe sind Fettschwanzschafe. Im Schwarzen Meere wurde früher von den Lasen aus den Delphinen Tran, sogenanntes Fischöl, gewonnen, dieser Industriezweig ist aber in den letzten Jahren stark zurückgegangen.

Der türkische Boden enthält an industriellen Roh- und Hilfsstoffen Stein- und Braunkohle, Erze verschiedener Art, Schwefel, Salz, Phosphate, Schmirgel, Erdöl, Asphalt, Meerschaum, Kalkerde, Marmor, Lithographiesteine usw. Einzelheiten hat im ersten Bande dieser Studienreihe Geh. Bergrat Professor Dr. F. Frech in ausführlicher Weise dargelegt. Wie dieser bemerkt, ist die Türkei, insbesondere der östliche Teil, geologisch noch nicht durchforscht. Diese Arbeit wird nach dem Kriege in Angriff genommen werden mögen. Mancherlei Material zu dieser Frage werden die kommenden Eisenbahnbauten in Ostanatolien zutage fördern.

Fassen wir das Gesagte zusammen, so ergibt sich, daß die Türkei die Rohstoffe für folgende Industriezweige in genügender Menge erzeugt:

1. Für die Müllerei, Brennerei, Stärkeerzeugung und Brauerei. Es hängt nur von der Bevölkerung ab, viel Weizen, Roggen, Gerste, Kartoffeln und Hopfen zu bauen. Es ist das eine rein landwirtschaftliche Frage.

2. Für die Gerberei. Die Häutegewinnung kann noch gesteigert werden. (Siehe daneben die Studie von A. Sack, Ackerbau und Viehzucht, im 1. Bande.)

3. Für die Holzverarbeitung. Der Verwüstung der Wälder soll jetzt Einhalt getan werden, und abgeholzte Flächen sollen wieder aufgeforstet werden. Stellenweise gibt es noch

große Waldbestände, die der Mangel an Verkehrsmitteln vor der Niederlegung bewahrt hat.

4. Für die Textilindustrie. Der Anbau von Baumwolle, Hanf und Flachs kann noch sehr gesteigert, die Schafwolle verfeinert werden.

5. Für die keramische Industrie. An Erden aller Art ist kein Mangel.

6. Für die chemische Industrie. Schwefel, Pyrit und Blenden für die Schwefelsäure, Salz für die Sodaerzeugung, Öl und Fett für die Seifensiederei, Koks und Gaswasser der Kokereien und Gaswerke für die Gewinnung von Kohlenwasserstoffen, Farben, Ammoniak usw., Eichen- und Fichtenrinde, Aleppokiefer, arabische Akazien, Knoppern für die Gewinnung von Gerbstoffauszügen, Opium für die Gewinnung von Morphium, Süßholz, Koloquinten usw. für die Erzeugung von Drogen, Erdöl für die Erzeugung von Petroleum, Schmieröl, Benzin usw., Phosphate für die Erzeugung von Düngemitteln usw.

7. Für die kosmetische Industrie. Die Türkei eignet sich sehr gut für die Blumenzucht, und von alters her stellen die Einwohner verschiedene duftende Wasser und Öle her. Erinnert sei nur an die altberühmte Rosenölgewinnung. Diese hat in den letzten Jahren auch im westlichen Kleinasien große Fortschritte gemacht und liefert jährlich steigende Erträge. Nach dem Muster von Südfrankreich ließen sich auch andere stark duftende Blumen im großen anbauen und daraus die Duftstoffe gewinnen. Die geschützten Lagen am Marmarameere, die West- und Südküste von Kleinasien und der Libanon eigneten sich sehr gut für diese Kulturen. Auch die türkische Regierung hat ihnen schon ihre Aufmerksamkeit zugewendet. Die Gewinnung von natürlichen Duftstoffen könnte eine bedeutende Industrie werden.

III. Betriebskraft.

Wir wissen, daß Kohle verhältnismäßig wenig vorkommt. Ohne Kohle ist aber eine Industrie nur in beschränktem Umfange möglich. Kohle liefert die Betriebskraft für Maschinen und die Wärme für Schmelzöfen aller Art und Heizungsanlagen, und in ihren Rückständen bei der trockenen Destillation Rohstoffe für die chemische Industrie. Insoweit in der türkischen Industrie Dampfmaschinen tätig sind, wurden sie bis zum Kriege meistens mit englischer Kohle geheizt. Dank der langen Küstenentwicklung ist der Bezug ausländischer Kohlen leicht, und da die Industrie hauptsächlich an den Küsten Kleinasiens und Syriens ihren Standort hat, konnte sie sich billig versorgen. Man hatte sich leider viel zu viel auf die englische Kohle verlassen und nie daran gedacht, daß einmal die Zufuhren abgeschnitten werden könnten. Ebenso leicht, wie die Küstenorte englische Kohle beziehen konnten, können sie auch Kohle von Heraklea oder Jalowa beziehen, da beide Kohlenvorkommen auch am Meere liegen. Wo die Kohle minderwertig ist, wird man sie in einer späteren Zeit mit Vorteil an Ort und Stelle in großen elektrischen Zentralen verfeuern. So könnte von Jalowa oder Derkos aus ganz Konstantinopel mit elektrischer Kraft und elektrischem Licht versehen werden. Das für das entwickelste türkische Industriegebiet, Konstantinopel und den Golf von Ismid, wichtigste Kohlenvorkommen sind die Steinkohlenlager von Heraklea. Der Bezug der Kohlen von dort ist zu Wasser leicht, kann aber durch schlechtes Wetter und kriegerische Ereignisse auf dem Schwarzen Meere, wie der Krieg bewiesen hat, leicht gestört werden. Es ist deshalb notwendig, daß auch eine Eisenbahnverbindung zwischen dem Golf von Ismid und dem Kohlenbecken von Heraklea hergestellt werde. Das ist auch schon längst geplant und wäre nicht schwierig durchzuführen, es braucht nur die Linie Adabazar—Bolu bis Heraklea verlängert zu werden. Dann könnten die Kohlen nach Ismid gefahren und von dort entweder mit der Anatolischen Eisenbahn nach Haïdar-Pascha oder zu Schiff nach Konstantinopel befördert werden. Diese Bahnverbindung würde unerläßlich, wenn einmal der türkische Hauptkriegshafen aus dem Goldenen Horn nach dem Golf von Ismid verlegt werden sollte, wovon schon wiederholt die Rede war. Auch die staatliche Werft von Ismid, die in Ausgestaltung begriffen ist, und die andern militärischen Fabriken in Ismid und Umgebung brauchen eine gegen jede Zufälle gesicherte Kohlenzufuhr.

Als Betriebskraft spielt in der Türkei auch das Petroleum eine Rolle. Da Petroleum billig war und stets reichlich von Rußland, Rumänien und Amerika angeboten wurde, verbreitete sich der Petroleummotor rasch. Die Anatolische Eisenbahn hat mehrere Lokomotiven für Heizung mit Masut (Pakura) eingerichtet, den sie von Rumänien bezog. Mit ihren Petroleumbezügen ist aber die Türkei vollständig vom Ausland abhängig; wenn die Zufuhren ausbleiben, wie jetzt, dann stehen alle Petroleummotoren still. Inwieweit einmal Benzol als Betriebsstoff in Frage kommen kann, hängt von der Entwicklung der Kokserei ab. Beträchtlich kann aber seine Erzeugung nicht werden. Sollten die Petroleumfelder im Osttigrislande und in Syrien abgebaut, das Petroleum also im Lande selbst gewonnen werden, dann dürfte der Petroleummotor ausgedehntere Verwendung finden, hauptsächlich im Osten und in Syrien. Beim Wasserheben leistet er vorzügliche Dienste.

Wasserkraft kommt als Betriebskraft nur im Gebirge in Betracht, da gibt es aber wenig Industrie und wenig Städte, die beleuchtet werden könnten. Höchstens für die Bergwerke könnten die Wasserfälle nutzbar gemacht werden. Man könnte auch die in Ostanatolien zu bauenden Eisenbahnen elektrisch betreiben, was wahrscheinlich billiger käme als der Lokomotivbetrieb und den Bahnbetrieb überdies unabhängig vom Auslande machte. Die Kohlenzufuhren können unterbunden werden, die Wasserfälle aber werden immer rauschen, solange es regnet.

Die Wasserkraft wird fast ausschließlich durch Wasserräder technisch verwertet, Turbinen dürften in der Türkei sehr wenig vorhanden sein. Als das Konstantinopeler Elektrizitätswerk gebaut werden sollte, wurde auch empfohlen, die Strömung des Bosporus als Betriebskraft auszunutzen. Ein anderer Vorschlag ging dahin, die Wasserkräfte der Gegend von Adabazar heranzuziehen. Schließlich entschied man sich für die Kohle als Betriebskraft und legte das Werk im innersten Winkel des Goldenen Horns an. Heute würde man es vielleicht bei den Braunkohlengruben bei Derkos anlegen, da wäre es von den Kohlenzufuhren von auswärts ganz unabhängig gewesen. Der deutsche Direktor der Hedschâzbahn, Herr Dykmann, hat der Verwaltungskommission vorgeschlagen, die Wasserkräfte von Tell Schehâb, 60 km von der Linie Ḥaïfa—Der'ât entfernt, in elektrische Kraft zu verwandeln und den Strom zum Betrieb einer Seitenbahn von El-Fûle nach Nazareth und zur Beleuchtung der größeren Städte Palästinas zu verwenden. Mit dem Bau der ostanatolischen Eisenbahnen dürfte die elektrische Kraftübertragung größeren Umfang annehmen.

Für ganz kleine Betriebe wird auch der Wind als Betriebskraft verwendet, hauptsächlich für Mühlen und bei Bewässerungsanlagen. Windmühlen sind sehr zahlreich. Wo der Wind mit großer Stetigkeit aus einer Richtung zu wehen pflegt, und zwar ziemlich gleichmäßig, vermag der Windmotor nicht unwirtschaftlich zu arbeiten.

Als Wärmeerzeuger zum Schmelzen, Rösten und Brennen werden zumeist Holz und Holzkohle verwendet. In den Bergbaubetrieben wird zum Rösten und Schmelzen der Erze fast ausschließlich Holz genommen. Die Backöfen in Konstantinopel, die Bäder, Ziegelbrennereien werden mit Holz befeuert, Ziegelöfen auch mit Kuhmist und Stroh.

IV. Der gegenwärtige Stand der türkischen Industrie.

Im nachfolgenden soll ein knapper Überblick über den gegenwärtigen Stand der türkischen Industrie gegeben werden. Diese Übersicht macht keinen Anspruch auf Vollständigkeit, da zuverlässige Nachrichten über einzelne Industriezweige, besonders in den entfernteren Landesteilen, schwer zu erhalten sind. Vor dem Kriege waren eine Menge neuer Aktiengesellschaften gegründet worden, von denen man nicht weiß, was während des Krieges aus ihnen geworden ist. Nach einer Zusammenstellung des türkischen Handelsministeriums gab es zu Beginn 1916 in der Türkei 1047 Fabriken, nämlich 577 für die Lebensmittelerzeugung, 196 Textilfabriken, 94 für die Holzverarbeitung, 82 Bergbaubetriebe, 43 keramische Betriebe, 32 Gerbereien und 23 chemische Fabriken.

A. Der Bergbau.

Der Bergbau als industrielle Betätigung liegt noch in den Anfängen. Der Geheime Bergrat Professor Dr. F. Frech hat in seiner Studie über die Mineralschätze und den Bergbau in der asiatischen Türkei im ersten Bande die hauptsächlichsten Bergbaue angeführt, und A. Hänig läßt in seinen Statistischen Daten und Tabellen über die Minen der Türkei ein Verzeichnis der verliehenen Bergbaukonzessionen folgen[1]). Hier seien nur noch einige ergänzende Bemerkungen angefügt. Im Kohlenbecken von Heraklea arbeiten mehrere Bergbauunternehmungen. So die französische „Société ottomane d'Heraclée" mit einem Aktienkapital von 15 Millionen und einem Obligationenkapital von 10 937 000 Franken. Für die Verschiffung ihrer Kohle hat sie in Sunguldagh einen eigenen Hafen angelegt. Sie wurde 1895 gegründet, ihre Konzession läuft bis zum Jahre 1946. Eine zweite Bergbauunternehmung, die uns Deutsche besonders interessiert, ist die „Société anonyme des charbonnages réunis de Bender Eregli", weil daran deutsches Kapital beteiligt ist. Ihre Grubenfelder liegen in den Bezirken von Kandilli, Aladscha Aghsi und Koslu. Das Aktienkapital dieser Gesellschaft beträgt 10 800 000 Franken, wovon der deutsche Großindustrielle Stinnes in Mühlheim 5 Mill. Franken Vorzugsaktien besitzt. Diese Bergbauunternehmung ist besonders am Ausbau des Hafens von Heraklea (Eregli) und der Verlängerung der Eisenbahn Adabazar—Bolu nach Heraklea interessiert.

Während des Krieges sind Braunkohlenbergbaue in Betrieb genommen worden in Uzun-Köprü bei der gleichnamigen Station der Orientalischen Eisenbahn, beim See von Derkos, bei Jalowa am Golf von Ismid, bei Ṣâleḥîje und Zachô im Wilajet von Môṣul. Bei Hasro im Wilajet von Dijârbekr wurde eine gute Kohle gefunden.

Während des Krieges wurde auch der Abbau der Schwefellager von Ketschi-Burlu im Sandschaq von Sparta (Wilajet von Aïdin) in Angriff genommen. Der Leiter der Arbeiten ist ein österreichischer Fachmann, die Maschinen und Öfen stammen aus Deutschland. Die Schwefelverbindungen sollen nach Mitteilungen türkischer Zeitungen 40—60 v. H. Schwefel enthalten und können im Tagebau abgebaut werden. Das Vorkommen soll so reichhaltig sein, daß die Türkei ihren ganzen Bedarf an

[1]) Vgl. über diese Aufstellung die Bemerkungen im Vorwort.

Schwefel selbst decken kann. Dieser Bedarf ist allein für die Winzer des Wilajets von Aïdin nicht unbedeutend. Der im Jahre 1916 durch das Komitee für Nationalverteidigung an die Winzer abgegebene Schwefel war noch nicht geläutert.

Zu Beginn des Krieges hat das Kriegsministerium auch die Nickelerzlager von Ak-Kaja, 50 km von Ineboli am Schwarzen Meere entfernt, auszubeuten begonnen.

B. Die Nahrungs- und Genußmittelerzeugung.

Die Müllerei ist verhältnismäßig gut entwickelt, und das hat sich im Kriege als großes Glück erwiesen. Vor dem Kriege wurde viel fremdes Mehl eingeführt, was für die Entwicklung der einheimischen Müllerei ein starker Hemmschuh war. In Konstantinopel und in der Provinz gibt es eine stattliche Anzahl von Mühlen. Die Konstantinopeler Mühlen sind bis auf wenige Ausnahmen technisch gut eingerichtet. Die hiesigen 19 Mühlen können bei vollem Betriebe jährlich mehr als 2 Millionen Sack Mehl zu je 75 kg erzeugen. Die größte Mühle kann monatlich 4000 t Getreide vermahlen, vier andere 2000—2500, vier 1000—1500 usw. Die Mühlen liegen am Wasser und können das Getreide aus dem Leichterschiff sofort der Vermahlung zuführen. Größere Mühlen gibt es noch in Adrianopel, Smyrna, Samsun, Adabazar, Eskischehr, Konia, Angora, Amasia, in den letzten Jahren sind eine Menge neuer Mühlen entstanden oder vorhandene technisch besser ausgestaltet worden. In dieser Arbeit wurden verschiedene Mühlen durch den Krieg überrascht, und bestellte Maschinen konnten nicht mehr bezogen werden.

Die Provinzmühlen betreiben ausschließlich Lohnmüllerei, nur einige kapitalkräftigere befassen sich auch mit Handelsmüllerei. Sehr einfach ist der Betrieb in den kleinen Dorfmühlen, deren ganze technische Ausrüstung aus einem Paar Mühlsteinen besteht, die durch ein moosbewachsenes Wasserrad oder durch klapprige Windmühlenflügel angetrieben werden. Der Bauer, der einen Sack Getreide zum Mahlen bringt, bindet sein Grautier an einen Baum und wartet, bis das Mehl fertig ist. Auf den Abhängen des Olymps bei Brussa gibt es eine Menge kleiner Mühlen, die nur bei Regenwetter und bei der Schneeschmelze arbeiten.

Der Krieg hat den großen Wert einer leistungsfähigen Müllerei für die gesamte Volkswirtschaft klar gezeigt, und deshalb dürfte es jetzt mit der Aus- und Umgestaltung der türkischen Mühlen schneller vorwärts gehen. Auch die kleinen Dorfmühlen werden sich dem technischen Fortschritt nicht entziehen können, da sie in Zukunft besseres Mehl werden liefern müssen. Die städtischen Mühlen liefern gutes Mehl, die Städter stellen an das Brot auch große Anforderungen, die Dorfmühlen aber schlechtes, voll fremder Beimischungen, weil sie keine Vorrichtungen zum Reinigen des Getreides haben. Aus schlechtem Mehl kann man aber kein gutes Brot bereiten, insbesondere wenn die Backöfen auch nichts taugen. Das Brot im Innern ist nichts weiter als getrockneter Teig, der schlechterdings unverdaulich ist und selbst bei Erwachsenen Magenentzündungen hervorruft. Diesem schlechten Brote messen die hervorragendsten türkischen Ärzte die Schuld an der großen Kindersterblichkeit bei und dringen darauf, daß auf den Dörfern besseres Brot erzeugt werde.

Zur Erleichterung des Getreideumschlags gibt es im Hafen von Haïdar-Pascha und in Derindscheh am Golf von Ismid große Getreidespeicher. Solcher Speicher dürften in den nächsten Jahren noch mehrere errichtet werden, und zwar in den Hafenorten, die Kunsthäfen erhalten sollen. So u. a. in Ineboli und Samsun am Schwarzen Meere. Samsun wird nach Vollendung der Bahn nach Siwas ein großer Getreideverschiffungshafen werden.

In den letzten Jahren hat die Makkaronierzeugung große Fortschritte gemacht und entwickelt sich immer mehr zu einer aussichtsreichen Industrie. Im kleinasiatischen Hartweizen steht ihr ein ausgezeichnetes Mehl zur Verfügung.

Bescheiden tritt noch die Konservenindustrie auf. Die Bakkale (Krämer) bereiten Gemüsekonserven, die aber nicht lange halten. Die Fabrik „Ermys" stellt dauerhafte Gemüsekonserven her, die sehr guten Absatz finden. Zu Konserven verarbeitet werden hauptsächlich Schnittbohnen, Kreuznägel (Bamias) und Artischocken. Am Golf von Ismid und an den Dardanellen gibt es kleine Fischkonservenfabriken, die hauptsächlich Sardinen und Thunfische verarbeiten.

Von größerer Bedeutung ist die Erzeugung von Süßigkeiten, wie Halwa, Lokum und andern Zuckerwaren. Manche dieser Erzeugnisse sind berühmt. Diese Betriebe sind zumeist klein, sind aber nach türkischem Gesetz Fabriken. Auch Schokolade wird hier erzeugt. Der Lokum, aus Stärke und Zucker bestehend, wird in Konstantinopel, Smyrna und Syra erzeugt, der Halwa hauptsächlich in Konstantinopel, wovon eine große Ausfuhr nach der Provinz stattfindet. Er besteht aus Zucker, Wasser und Sesamöl. Die Zubereitung ist sehr umständlich.

Die Brauindustrie hat in den letzten Jahren einen ansehnlichen Aufschwung genommen. In Konstantinopel sind die ursprünglichen kleinen Brauereien, die ein leichtes, obergäriges Bier erzeugten, verschwunden und an ihre Stelle sind zwei große, modern eingerichtete Brauereien getreten. 1892 wurde die Brauerei Bomonti mit einer jährlichen Leistungsfähigkeit von 10 000 hl gegründet, später in eine Aktiengesellschaft umgewandelt. Ihre Leistungsfähigkeit beträgt jetzt gegen 100 000 hl. In Bujukdere am oberen Bosporus wurde von einheimischen Kapitalisten die Nektarbrauerei gegründet und dann mit der Bomontibrauerei zu den „Brasseries Réunies Bomonti-Nectar" mit einem Kapital von 6 Millionen Franken vereinigt. Vor dem Kriege hat sich noch eine „Zenith Brewery Company Ltd." gebildet, deren Brauerei aber noch auf dem Papier steht. Smyrna besitzt auch eine Brauerei, die der Bomonti-Nektar-Gesellschaft gehört.

Erwähnen wir hier in Verbindung mit der Bierbrauerei noch die Eiserzeugung. Für Konstantinopel hat die „Société anonyme ottomane de glace" das Monopol. Die Aktien dieser Gesellschaft befinden sich im Besitz der Bomonti-Nektar-Gesellschaft.

Die Spiritusbrennerei ist unbedeutend. Ihre hervorragendsten Erzeugnisse sind Mastik und Dusiko, die zwei landesüblichen Schnäpse.

Während des Krieges hat auch das Molkereiwesen Fortschritte gemacht. Die Regierung bemüht sich sehr um die Entwicklung dieses Industriezweiges.

C. Die keramische Industrie

hat in den letzten Jahren große Fortschritte gemacht. Ihre Haupterzeugnisse sind Mauersteine, Dachziegel, grobe Töpferwaren und

Zement. Die Ziegeleien befinden sich meistens in der Nähe größerer Städte. In der Umgebung von Konstantinopel gibt es Ziegeleien im inneren Goldenen Horn, am oberen Bosporus, bei Tusla usw. Die größeren sind mit neuen Ziegeleimaschinen und Ringöfen ausgestattet. Ihre Erzeugnisse haben schon vor dem Kriege die ehemals so blühende Ziegeleinfuhr aus Marseille ganz zum Stillstand gebracht. Mit dem Wiederaufleben der Bautätigkeit nach dem Kriege wird für die Ziegeleien eine Zeit regster Beschäftigung kommen. Eine Ziegelei in Tuzla, die „Société anonyme ottomane La Stérea", erzeugt außer Mauersteinen und Dachziegeln auch Zementplatten und Zementrohre. Am oberen Bosporus arbeitet die „S. A. O. de tuilerie et briqueterie de Pacha-Baghtsche".

Die Töpferei wird nur in kleinen Handwerksbetrieben betrieben, so daß hier darüber weiter nichts zu sagen ist.

Ein ganz junger Zweig der keramischen Industrie ist die Zementerzeugung. Sie wird von zwei Fabriken am Eingang zum Golf von Ismid betrieben, der „S. A. O. Arslan pour la fabrication du ciment artificiel et de la chaux hydraulique" mit 112 000 Pfund Kapital und der „S. A. O. de Ciment Portland artificiel et de la chaux hydraulique d'Eski-Hissar" mit 120 000 Pfund Kapital. Die eine erzeugt den Zement auf nassem, die andere auf trockenem Wege, die eine ist von den Grusonwerken, die andere von einer Schweizer Fabrik eingerichtet worden. Die günstige Lage der beiden Fabriken unmittelbar am Meer erleichtert ihnen den Abtransport ihres Zements nach dem nahe gelegenen Hauptabsatzgebiete Konstantinopel sehr und ermöglicht ihnen, dem fremden Wettbewerb erfolgreich die Stirn zu bieten. Beide Fabriken haben ein gemeinsames Verkaufsbureau. Es sollen noch mehrere Zementfabriken gegründet werden. Von geringerer Bedeutung ist die „Linardos Cement tuilerie".

Die große Glasfabrik in Pascha-Baghtsche am oberen Bosporus steht seit einigen Jahren still. Mit großen Opfern war sie errichtet worden, sie schien auch endlich zu gedeihen, da stellte sie den Betrieb ein, sie konnte dem fremden Wettbewerbe nicht mehr standhalten. Diese Glasfabrik mußte alles aus dem Auslande einführen, was sie für den Betrieb brauchte, sogar das

Langstroh zum Einwickeln der Zylinder, weil solches die türkischen Landwirte nicht erzeugen. Als Lehrmeister für die eingeborenen Arbeiter hatten österreichische Glasarbeiter gedient. Gegenwärtig wird nur noch in einer kleinen Fabrik im innern Winkel des Goldenen Horns Glas erzeugt.

Im Park von Jildiz-Kiosk befindet sich eine kleine Porzellanfabrik, die Sultan 'Abdul-Hamid hatte errichten lassen. Französische Meister und Arbeiter haben darin sehr schöne Sachen erzeugt, die meist zu Geschenkzwecken dienten. Seit dem Sturze ihres Gründers steht die „Tschinfabrik" still, und obwohl wiederholt von ihrer baldigen Inbetriebsetzung die Rede war, ist doch in dieser Richtung noch nichts getan worden.

Die ehemals hochberühmte türkische Kunst der Fayenceerzeugung hat sich in kümmerlichen Resten noch in der Stadt Kutahia erhalten. Dort bestehen einige kleine Werkstätten, die sich bemühen, die türkische Fayenceerzeugung wieder in die Höhe zu bringen. Die Meister haben Geschmack und guten Willen, Geduld und Ausdauer, aber es fehlen ihnen die Mittel, ihr Unternehmen in größerem Stile zu betreiben. Diese Meister zehren von den alten Überlieferungen und besitzen von ihren Vorfahren alte Muster und Rezepte. Am 8. Juni 1916 wurde in Stambul der Grundstein zu einer Fayencefabrik gelegt.

D. Ledererzeugung und Bearbeitung.

Eine blühende Industrie in der Türkei ist die Gerberei. Sie ist ein altes Gewerbe, wird aber noch immer nicht überall sachgemäß betrieben. In den letzten Jahren sind einige gut eingerichtete Gerbereien entstanden, die sich hauptsächlich mit der Erzeugung von Sohl- und Kuhlackleder befassen. Auch andere Lederarten werden erzeugt, aber in geringerer Menge. Die Gerberei hat eine schöne Zukunft vor sich, viele Felle werden noch ungegerbt ausgeführt. Andrerseits werden schwere Häute eingeführt.

Konstantinopel besitzt 6 oder 7 technisch vollkommen eingerichtete Gerbereien in Gasly-Tschesme und eine Militärgerberei in Beikos, Brussa 37, Saframboli 60, Aleppo 62, Adabazar 15 Gerbereien usw. Die großen Gerbereien verdrängen die kleinen. In Adabasar sind binnen 10 Jahren von 50 Gerbereien nur 15 geblieben. Die Gerbstoffe kamen bis zum Kriege meistens aus dem Auslande, obwohl die Türkei selbst reich an Gerbstoffen ist. Vielenorts läßt das Gerbeverfahren, wie z. B. in Brussa, noch viel zu wünschen übrig. Das dortige Leder hat einen unangenehmen Geruch und kann nur für einheimisches Schuhzeug verwendet werden.

Wie die Gerberei, blüht auch die Lederverarbeitung. Die Sattlerei ist ein altberühmtes türkisches Gewerbe, das in den letzten Jahren wieder mehr an Bedeutung gewonnen hat. Verschiedene Sattlerwaren, die früher aus dem Auslande bezogen wurden, werden jetzt im Lande hergestellt. Es gibt auch eine „Aktiengesellschaft für Militärsattlerei". Die türkische Schuhmacherei kann schon den ganzen Bedarf des Landes decken, und die Einfuhr fremder Schuhwaren wäre gar nicht mehr nötig. In Beïkos am oberen Bosporus gibt es eine staatliche Stiefelfabrik, die von einer Frankfurter Firma eingerichtet worden ist. Bei dem hohen Zoll, der nach dem neuen Tarif auf Schuhwaren liegt, werden noch mehr Schuhfabriken entstehen. Die Schuhmacher und Sattler bedienen sich immer mehr der Maschinen, früher war die Nähmaschine ihre einzige Maschine.

E. Die Textilindustrie.

Weitaus am bedeutendsten von allen Industriezweigen ist die Textilindustrie. Die Verarbeitung der Gespinstfasern ist eine alte Hausindustrie in der Türkei, wofür die Bevölkerung große Geschicklichkeit besitzt. Altberühmt ist die türkische Teppichknüpferei. Der Hausfleiß erzeugt hauptsächlich Schajaq, ein grobes, aber festes Tuch, Aladscha, ein dichtes, tuchartiges Gewebe, Agabani, lange Schärpen für Turbane, Peschtimal, Bademäntel, Hawlu, Handtücher, Kifia, vielfarbige Halstücher für Araber, Kutnis in Baumwolle und Seide, die sich durch ihre herrlichen, echt orientalischen Muster auszeichnen und die man für Möbelüberzüge, Vorhänge usw. verwendet. In verschiedenen ländlichen Bezirken Kleinasiens und Syriens beschäftigen sich die Frauen noch heute mit der Erzeugung grober Baumwollstoffe, die sie in den Städten zum Verkauf ausbieten. Ja in den Straßen von

Stambul kann man noch häufig Frauen mit der Handspindel spinnen sehen, nicht nur alte Frauen, sondern auch jüngere.

Die einheimische Seidenweberei hat durch die fremde Einfuhr einen tödlichen Stoß erhalten. Die Seidenweber von Brussa, Aleppo und Damaskus waren Künstler in ihrem Fach, jedes Stück, das vom Stuhle kam, war ein Meisterwerk, und keines glich vollständig einem andern. Als sich die europäische Industrie auf diese Erzeugnisse warf und sie vermöge ihrer vollkommeneren Technik weit billiger liefern konnte, war es um die einheimischen Weber geschehen. Zu Tausenden mußten sie ihre Stühle stillstehen lassen. In Damaskus sollen kaum noch ein Dutzend Seidenweber arbeiten. Das gleiche Schicksal hatte die Tiftikweberei in Angora und die Leinenerzeugung am Schwarzen Meere.

Seit einigen Jahren nimmt die türkische Textilindustrie einen neuen Aufschwung.

Der Teppichknüpferei hat die europäische Industrie nichts anhaben können, die Maschinenteppiche halten keinen Vergleich mit den handgeknüpften Teppichen aus. Die Teppichknüpferei ist Hausindustrie. Unter den Teppicherzeugern war aber die schlechte Gewohnheit eingerissen, minderwertige Wolle und Farben zu verwenden, worunter die Güte der türkischen-Teppiche stark litt. Diese Gelegenheit benutzte eine englische Gruppe, sich in der türkischen Teppichindustrie eine herrschende Stellung zu sichern. Durch Verschmelzung einiger Teppichgeschäfte in Smyrna entstand die „Oriental Carpet Manufacturers Ltd." mit einem Aktienkapital von 1 Million Pfund Sterling. Diese Gesellschaft kauft Wolle im Großen ein, läßt sie waschen und färben und gibt sie dann an die Hausknüpferinnen zur Weiterverarbeitung nach bestimmten Mustern aus. Die Gesellschaft besitzt auch in Persien und Indien Fabriken. In Persien erzeugt sie bereits ein Drittel der gesamten persischen Jahreserzeugung. Sie besitzt in Europa und Amerika verschiedene Verkaufsgesellschaften und ist auch Besitzerin der „Ottoman Cloth Co. Ltd." und der Cabotweberei in Smyrna. Es gibt auch eine türkische Teppich-A.-G. „Ouhouvet-Osmanieh" mit 30 000 Pfund Kapital.

Da die Baumwolle im Lande sehr gut gedeiht, lag es nahe,

sie auch zu verspinnen, um sich wenigstens teilweise von der Einfuhr fremden Garnes unabhängig zu machen. In Konstantinopel (Jedikule), Smyrna, Adana und Tarsus entstanden Baumwollspinnereien, die zumeist nur gröbere Nummern spannen, wie sie der inländische Bedarf verlangte. Dieses Garn fand lebhaften Absatz und tat der Einfuhr fremden Garns starken Abbruch. Mit der Zeit wurde auch die Weberei aufgenomemn, zuerst von Segeltuch und andern groben Stoffen, dann auch von Cabot. In Smyrna hat die Oriental Carpet Manufacturers Ltd. eine Cabot-Weberei eingerichtet. Cabot wird in der Türkei sehr viel verbraucht und bildet neben Madapolam einen bedeutenden Einfuhrartikel. Die Weber-Genossenschaft von Stambul verlegt sich auf die Sackerzeugung im großen. In Adana wurde eine Fabrik für Wundwatte errichtet.

Ansehnlich ist auch die türkische Tucherzeugung. Tuchfabriken gibt es in Konstantinopel und Ismid, beide ärarisch, in Hereke (kaiserliche Seidenmanufaktur), in Kara-mursal am Golf von Ismid, in Smyrna und in Bagdad. Die ärarischen Tuchfabriken sind vor einigen Jahren neu eingerichtet worden. Die kaiserliche Seidenmanufaktur betreibt die Tucherzeugung erst seit einem Jahrzehnt ungefähr. Sie hat auch die Erzeugung von Fez- und Wirkwaren aufgenommen. Ihre ursprünglichen Geschäftszweige waren die Teppichknüpferei und die Seidenweberei. Von Teppichen werden sehr große erzeugt, die der Sultan zu verschenken pflegt. Arbeiter sind zumeist Kinder, die in großen Häusern beisammen wohnen.

Ein wichtiger Industriezweig ist die Seidenspinnerei, das Abhaspeln der Kokons. Solche Seidenfilanden gibt es in Kleinasien, Rumelien und Syrien. Der Mittelpunkt des westkleinasiatischen Seidengebietes ist Brussa. Die meisten Filanden sind gut nach europäischer Art eingerichtet und besitzen mechanische Rührwerke, und nur in den kleineren werden die Kokons in den Bassins noch mit Heidekrautbesen geschlagen. Brussa erzeugt mehr als eine halbe Million kg Rohseide, die vor dem Kriege zum größten Teil nach Lyon ging. Die Lyoner Seidenhäuser haben in Brussa ihre Vertreter. Die Verschiffung erfolgte zuletzt über die Reede von Mudania, wo französische und deutsche

Dampfer anlegten. Die Titres bewegen sich hauptsächlich zwischen 9/11 bis 58/60.

Von der Vernichtung der einst so blühenden türkischen Seidenweberei haben wir schon gesprochen. Seidenstoffe werden aber noch immer in Brussa, Hereke und Damaskus erzeugt. Verarbeitet wird zumeist Seide von Sterblings- und Doppelkokons. Das wichtigste Erzeugnis der orientalischen Seidenweberei sind Kutnis. Die übrigen Erzeugnisse, wie Kopf- und Leibbinden, Gürtel, sind von untergeordneter Bedeutung. Die kaiserliche Seidenmanufaktur erzeugt schöne Brokat- und sonstige Stoffe. Ihre Erzeugnisse sind sehr geschätzt.

Die Konfektion hat in der Türkei in den letzten Jahren gleichfalls große Fortschritte gemacht. In Konstantinopel, wo es viele billige weibliche Arbeitskräfte gibt, werden schon viele Kleider, Wäsche und Stickereien erzeugt. Wäsche und Kleider kamen früher größtenteils aus dem Auslande, hauptsächlich aus Österreich und Deutschland, jetzt wird der größere Teil hier erzeugt. Die großen Konfektionshäuser lassen die Stoffe von draußen kommen und sie hier zuschneiden und nähen. Die militärischen Schneiderwerkstätten sind mit Zuschneidemaschinen ausgerüstet. An Stickereien werden die sogenannten orientalischen Stickereien erzeugt, die man in der „Tscharschy" feilhält. Von Bedeutung ist auch die Regenschirmerzeugung. Mit Ausnahme der teuern Luxusschirme kommen keine fertigen Schirme aus dem Auslande, sie werden alle hier angefertigt aus eingeführtem Zubehör, wie Gestellen, Stöcken, Griffen, Überzügen usw.

Die Hanfverarbeitung blüht im Gebiete des Schwarzen Meeres, hauptsächlich in den Wilajeten von Trapezunt und Kastamuni. In Stambul gibt es eine größere Tauerei. Die türkische Seilerei hat durch den Krieg frische Anregungen erhalten.

F. Metallverarbeitung.

Die Eisenverarbeitung steht in der Türkei erst am Anfang ihrer Entwicklung. Rohe Arbeiten aus Schwarzblech: Kohlenbecken (Mangale), Feuerzangen, Dreifüße usw. werden von Zigeunern ausgeführt. Die Schmiede auf dem Lande befassen sich hauptsächlich mit dem Beschlagen von Einhufern und Wagen und der Herstellung großer Nägel. Schlosser finden sich nur in den Städten und erzeugen ungefähr dasselbe wie unsere Schlosser. Ihre Spezialitäten sind Kaffeemühlen mit Messinggehäuse und Schnellwagen mit Laufgewicht. Die Maschinenschlosserei ist noch jung und eigentlich erst mit den Eisenbahnen aufgekommen. In den größeren Hafenstädten gibt es verschiedene größere Werkstätten, die Maschinen und Schiffe ausbessern und leichte Eisenkonstruktionen ausführen. Die größten Reparaturwerkstätten haben die Eisen- und Straßenbahnen, ausgedehnte Anlagen nach dem neuesten Stande der Technik eingerichtet. In Konstantinopel gibt es auch Maschinenfabriken mit Eisengießereien. Sie befassen sich hauptsächlich mit Schiffsreparaturen und bauen auch kleine Schiffe.

Während des Krieges wurde die Erzeugung eiserner Bettstellen in großem Umfange aufgenommen. Sie ist von 7—8000 vor dem Kriege auf 40 000 Stück gestiegen. Auch mit der Erzeugung von Schuhmacherzwecken wurde begonnen.

Eine große technische Anlage sind die Artilleriewerkstätten von Tophane. Dort werden jetzt auch Kanonen größeren Kalibers erzeugt. In Makriköi gibt es auch eine Torpedofabrik. Anfang November 1916 wurde eine große Fabrik in Adabazar eröffnet, die außer Kriegsbedarf landwirtschaftliche und andere kleine Maschinen, Pumpen, Mühleneinrichtungen usw. erzeugen soll. Es ist eine große, moderne, von deutschen Ingenieuren geschaffene Anlage.

Von den andern Metallen hat nur die Verarbeitung von Kupfer einige Bedeutung. Die türkischen Kupferschmiede sind Meister in ihrer Kunst. Ihre Arbeiten gehören mehr in das Gebiet des Kunstgewerbes als in das der Industrie.

Auf dem Konstantinopler Platze wird jetzt auch verschiedenes Material für elektrische Installationen erzeugt.

Nicht ganz ohne Bedeutung ist die türkische Schiffsbauindustrie. Sie hat auch die besten Aussichten für die Zukunft. Am Goldenen Horn liegt das Hauptarsenal der türkischen Marine, eine große Anlage, die aus Schiffswerft, Kesselschmiede, Maschinenfabrik, Gießerei, Stahlofen, Seilerei, Tischlerei usw. besteht. Auf dieser Werft sind in früheren Jahren Kriegsschiffe gebaut worden, in den letzten Jahren wurden aber nur Reparaturen ausgeführt. Eine zweite staatliche Werft befindet sich in Ismid, die aber sehr zurückgegangen ist. Ende 1913 erhielten nach langen Verhandlungen mit der Regierung die beiden englischen Schiffsbaufirmen Armstrong Withworth & Co. Ltd. und Vickers Ltd. die Konzession für die Gründung einer „Société impériale ottomane co-intéressée des docks, arsenaux et constructions navales", die die Arsenale am Goldenen Horn und in Ismid verjüngen und ausgestalten sollte, vor allem mit Schwimmdocks. Für die Kriegsschiffe, die die Regierung im Lande bauen lassen wollte, hatte die neue Gesellschaft ein Monopol, wie auch für alle Ausbesserungsarbeiten an Kriegsschiffen. In Stenia am oberen Bosporus hatte die „S. A. O. des docks et ateliers du Haut-Bosphore" eine Reparaturanstalt für Schiffe mit zwei Schwimmdocks angelegt. Mit dieser Gesellschaft war die englische Gesellschaft eine Interessengemeinschaft eingegangen, so daß die Engländer auf dem besten Wege waren, in der Türkei ein Schiffsbaumonopol zu erringen. Bei Eintritt der Türkei in den Krieg wurde die Konzession der englischen Gesellschaft für verfallen erklärt. An Stelle der englischen Meister und Arbeiter arbeiten jetzt deutsche.

G. Druckereien und Papierverarbeitung.

Das Buchgewerbe gewinnt von Jahr zu Jahr an Bedeutung. Mit dem Absolutismus sind auch die Fesseln gefallen, die es früher in seiner Entwicklung behinderten. Es werden jetzt bedeutend mehr Zeitungen und Bücher gedruckt als früher. Konstantinopel allein zählt gegen 80 kleine und größere Druckereien, die bis zum Kriege durch Zeitungs- und Akzidenzdruck gut beschäftigt waren. Die größte Druckerei ist die staatliche Osmanieh-Druckerei. Sie ist für alle typographischen Arbeiten eingerichtet, sogar für den Druck von Papiergeld und Marken, war aber zeitweise stark vernachlässigt worden. Das neue Papiergeld ist in Leipzig und Wien gedruckt worden. Auch in Smyrna, Beirut, Jerusalem gibt es größere Druckereien.

Das gesamte Druckmaterial kommt aus dem Auslande, nur Lettern werden auf dem Platze gegossen, auch Ornamente,

Linien, Spatien, Einfassungen usw. Die Lettern lassen aber noch zu wünschen übrig.

Papier wird in der Türkei keines erzeugt. Die vor einigen Jahrzehnten in Beikos gegründete Papierfabrik hat nur kurze Zeit gearbeitet. Die Regierung hat vor Jahresfrist öffentlich bekanntgegeben, daß diese Konzession erloschen sei, sie sei geneigt, jedes neue Konzessionsgesuch in wohlmeinende Erwägung zu ziehen. Es liegt ihr viel an der Schaffung einer Papierfabrik in der Türkei. Der Papierverbrauch wird nach dem Kriege durch den Aufschwung des Handels, die Hebung des Volksschulwesens und die Ausbreitung der Zeitungen stark zunehmen, und den sähe sie gern mindestens teilweise durch das Land selbst befriedigt.

Außer dem Buchdruck wird auch der Steindruck gepflegt Jede größere Buchdruckerei ist dafür eingerichtet. Beim Dorfe Mihalitsch (bei Brussa) besitzt die Türkei ein großes Lager guter Lithographiesteine, das leider zurzeit nicht ausgebeutet wird.

Die Buchbinderei ist über den handwerksmäßigen Betrieb noch nicht hinausgelangt, doch finden allmählich europäische Maschinen steigende Verwendung. Die Kartonnagenerzeugung wird schon fabrikmäßig betrieben. Der größte Verbraucher von Schachteln ist die Ottomanische Tabak-Regiegesellschaft für ihre Zigaretten.

H. Chemische Industrie.

Die chemische Industrie spielt in der Türkei noch eine unbedeutende Rolle. In Verbindung mit der Pulverfabrik in Makriköj gibt es eine Schwefelsäurefabrik, die jahrelang nicht recht marschieren wollte. Während des Krieges hat man mit der Erzeugung von Jod, schwefelsaurem Chinin, Rizinusöl und andern einfachen Präparaten begonnen. Größere Bedeutung hat die Seifenindustrie. Sie hat ihren Sitz im Gebiete des Ölbaumes: an der Westküste Kleinasiens und Syriens und auf den Inseln. Sie ist früher sehr unsachgemäß betrieben worden, und erst in den letzten Jahren sind einige technisch vollkommene Betriebe entstanden. Auf der Insel Mytilini gibt es mehr als 40 Seifensiedereien, wovon ein Drittel gut eingerichtet ist. Mehrere werden von wissenschaftlich gebildeten Chemikern geleitet und erzeugen auch Toiletteseife. Hauptsächlich wird aber gewöhnliche Waschseife erzeugt. Diese Seife schäumt nicht. Des größten Ansehens bei den Wäscherinnen erfreut sich die kretische Seife. Auch in Konstantinopel gibt es einige Seifensiedereien, wovon eine Toiletteseife erzeugt. Sie verarbeiten hauptsächlich das verdorbene Öl des Platzes. In Pascha-Baghtsche hat man die Lichterfabrik wieder in Betrieb gesetzt, die viele Jahre stillgelegen hatte.

Zu erwähnen ist noch die Erzeugung einiger kosmetischer Artikel. So von Rosenöl, Rosenwasser, Lavendelwasser, Kölnisch Wasser, Puder, orientalischen Schönheitsmitteln usw. Eine unbedeutende Industrie.

Aus tierischen Abfällen wird Leim gekocht, und in Jedikulé gibt es eine Knochenölmühle.

Fügen wir hier noch einige Bemerkungen über die Ölpressen an. Dem Auspressen der Ölfrüchte wurde früher sehr wenig Sorgfalt zugewendet, weshalb das hiesige Öl meistens viel zu wünschen übrig ließ und an Güte stark hinter dem Öl anderer Länder zurückstand. In neuerer Zeit sind in dieser Hinsicht Fortschritte erzielt worden. Die Ölpressen sind hauptsächlich im Gebiete des Ölbaumes zu Hause. Man findet neben uralten Spindelpressen moderne Betriebe, die nach den neuesten Erfahrungen arbeiten. Ein junger Produktionszweig ist das Auspressen des Baumwollsamens. Ölmühlen dieser Art gibt es in Smyrna und Mersina. Sie sind mit amerikanischen Maschinen ausgestattet. Die Verwendung ausländischen Baumwollsamenöls ist jetzt ausgeschlossen wegen des billigen Preises der einheimischen Erzeugung. Die Güte läßt freilich noch zu wünschen übrig.

Erwähnen wir noch zum Schluß die S. A. O. pour la fabrication d'acide carbonique, die Kohlensäure herstellt.

Über die industrielle Verwertung des Holzes, des Tabaks und der Seide folgen besondere Studien in späteren Bänden dieser Sammlung, so daß hier weiter nichts darüber zu sagen wäre.

Viele von den größeren Unternehmungen sind Aktiengesellschaften. Diese überwiegen im Bergbau, in der Textilindustrie, in der Verarbeitung der Fette und in der keramischen Industrie. In den letzten Jahren sind viele Aktiengesellschaften gegründet worden, ohne sichere Grundlagen, die nicht leben und nicht sterben können. Verschiedene sind verschieden, ohne daß sie ihre Tätigkeit hätten aufnehmen können. Bei der Gründung von Aktiengesellschaften spielt die Spekulation eine zu große Rolle, und das ist der Entwicklung der Industrie nicht förderlich. Weniger Spekulation, dafür mehr Sachlichkeit! Wer über Nacht reich werden will, und das wollen die Hiesigen alle, soll seine Hand von der Industrie lassen.

Die Regierung legt großes Gewicht darauf, daß die neu zu gründenden Aktiengesellschaften osmanische seien. Die nichtosmanischen Aktiengesellschaften müssen sich, wenn sie in der Türkei den Geschäftsbetrieb ausüben wollen, in die staatlichen Register eintragen lassen, worüber ein besonderes Gesetz erflossen ist. Auf der Nichtbeachtung dieser Bestimmungen stehen empfindliche Geldstrafen und die Schließung des Geschäftsbetriebes. Vor allem richtet sich dieses Gesetz gegen die fremden Versicherungsgesellschaften. Alle fremden Aktiengesellschaften sind den türkischen Gesetzen unterworfen. Für den Verkehr mit den Behörden und der Bevölkerung ist allen Unternehmungen der Gebrauch der türkischen Sprache und Schrift vorgeschrieben.

V. Die Arbeiterfrage.

Die Türkei ist nicht dicht bevölkert. Da niemals Volkszählungen abgehalten worden sind, ist man über die Bevölkerungsverhältnisse im Reiche schlecht unterrichtet. Gegenwärtig befassen sich die leitenden Kreise mit der Frage, ob die Bevölkerung zurückgehe oder nicht. Sie sind der Ansicht, daß sie zurückgehe, können aber keinen zwingenden Beweis dafür erbringen. Tatsache ist, daß die Landwirtschaft seit Jahren schon über Mangel an Arbeitskräften klagt, welcher Mangel durch die Anwendung landwirtschaftlicher Maschinen nur teilweise ausgeglichen werden konnte. Diesem Mangel an Arbeitskräften ist es auch zuzuschreiben, daß in Kleinasien noch so viel Land unbebaut ist und daß sich die Landwirte den Luxus der Brache leisten können.

In den Geschäftsberichten der Aktiengesellschaften und Bergbauunternehmungen kehren fortwährend die Klagen über den

Mangel an Arbeitern wieder. Vor dem Kriege berichtete die Heraklea-Kohlengesellschaft, daß sie aus Mangel an Arbeitern ihre Gruben nicht wirtschaftlich ausbeuten könne. Einmal betrage die Belegschaft über 3000 Mann, dann wieder kaum die Hälfte. Im Kohlenbecken von Heraklea gibt es aber weniger einen absoluten Arbeitermangel als vielmehr eine durch schlechte Wegeverhältnisse bedingten. Bei schlechtem Wetter, wenn die Bäche geschwollen sind, können nämlich die Arbeiter aus den Dörfern einfach an die Gruben nicht herankommen.

Die Einheimischen lieben die Arbeit in der Grube und in der Fabrik nicht, sie ziehen die Arbeit im Freien vor, weil sie da keinen Aufseher hinter sich haben. In die Fabrik oder Grube geht nur, wer dringend Geld braucht. Hat er sich den gewünschten Betrag zusammengespart, dann verschwindet er wieder.

Die Frage der Arbeiterbeschaffung beschäftigt alle Unternehmer sehr. Die Regierung verpflichtet sie, nur ottomanische Untertanen zu beschäftigen, ausgenommen die Fachleute und leitenden Kräfte, aber im Innern sind genügend Arbeiter oft nicht aufzutreiben. Als während des Balkankrieges die thrazischen Muhammedaner vor den anrückenden Bulgaren flohen und von der Regierung in Westkleinasien angesiedelt wurden, glaubten die Smyrnaer Fabrikanten und die Gutsbesitzer im Innern, an ihnen Arbeitskräfte gefunden zu haben, aber diese lehnten als „Märtyrer für das Vaterland" rundweg jede Arbeit ab. In den großen Städten fehlte es an Arbeitern nicht. In den Kaffeehäusern schlagen Tausende von Männern den lieben Tag mit Tricktrackspielen tot, das gefällt ihnen besser als zu arbeiten.

An weiblichen Arbeitskräften ist in den größeren Städten kein Mangel. Es sind zumeist Griechinnen und Armenierinnen, die Arbeit suchen. In Konstantinopel beschäftigen sie sich mit der Anfertigung von Stickereien und dem Nähen von Wäsche und Kleidern. In den Seidengebieten arbeiten die Frauen und Mädchen in den Filanden. In den Küstenorten, wo sich die Männer mit Fischfang und Schiffahrt beschäftigen, liegt noch viel weibliche Arbeitskraft brach, weil es dort keine Arbeitsgelegenheiten gibt. Die Löhne für Arbeiterinnen sind außerordentlich niedrig, die Arbeitszeit ist lang.

Gesetzliche Beschränkungen der Arbeitszeit und alles, was den Inhalt unserer Sozialpolitik ausmacht, gibt es in der Türkei nicht. Der Staat mischt sich in die Beziehungen der Unternehmer zu ihren Arbeitern nicht ein. Zu Beginn der Verfassungszeit setzte eine sozialpolitische Bewegung ein, die Arbeiter verlangten Abkürzung der übermäßig langen Arbeitszeit und Erhöhung der Löhne und suchten ihre Forderungen durch Ausstände zu erzwingen. Die Regierung erließ ein Gesetz gegen Arbeiterausstände, die Streikenden wurden eingesperrt, und seitdem hat man nichts mehr von Ausständen gehört. Die Löhne sind von selbst gestiegen, sowohl auf dem Lande als in den Städten. Auf dem Lande wegen der starken Abwanderung nach den Städten und der Auswanderung, in den Städten wegen lebhafterer Nachfrage nach Arbeitskräften. Auch die Ausdehnung der Wehrpflicht auf die Christen hat zur Steigerung der Löhne beigetragen. Die ehemals übermäßig lange Arbeitszeit ist kürzer geworden. Nur in den Seidenfilanden im Innern, die fast ausschließlich weibliche Arbeitskräfte haben, wird noch lange gearbeitet.

Ein wesentliches Hindernis der Industrialisierung der Türkei ist das geringe Verständnis der eingeborenen Bevölkerung für die moderne Technik. So geschickt die Männer in einzelnen Zweigen des Kunsthandwerks sind, so verständnislos zeigen sie sich vielfach gegen die europäische Technik. Das hängt mit dem ganzen geistigen Leben und der geschichtlichen Entwicklung des Volkes zusammen. Die Morgenländer, insbesondere die Türken, lieben ein beschauliches Leben. Dabei sind sie durchaus nicht faul, wie sie so oft verschrien werden, sondern sie hassen nur den von Amerika nach Europa herübergekommenen Arbeitsfanatismus, der aus dem Menschen eine Maschine macht und ihm nicht einmal mehr erlaubt, „einen Blick zum Himmel aufzutun“. Der Türke will nicht nur schuften, sondern sich auch innerlich sammeln, die gewonnenen äußeren Eindrücke innerlich verarbeiten. Er will keine Maschine, sondern ein Mensch sein.

Entsprechend dieser Geistes- und Gemütsverfassung, der die Erwerbssucht vollständig fremd ist — kapitalistisch lernen die Türken erst jetzt denken — bevorzugte die türkische Intelligenz solche Beschäftigungen, die ihr Zeit und Muße zur Beschaulichkeit lassen, wie die Laufbahn des Beamten und Offiziers, den Beruf des Arztes, des Juristen usw. Für die mathematisch-naturwissenschaftlichen Fächer haben sie bisher wenig Neigung gezeigt. Nach einer vom „Tanin“ vor einigen Jahren veranstalteten Zählung befanden sich unter den ungefähr 6000 Studenten der Universität in Stambul etwa 50 Mathematiker und ungefähr 100 Naturwissenschaftler gegen 3000 Mediziner und ebensoviele Juristen. In den letzten Jahren ist das Verhältnis etwas besser geworden, die jungen Leute wenden sich jetzt mehr den technischen Wissenschaften zu. Technische Kenntnisse und Geschicklichkeiten — vom Standpunkte der europäischen Technik — haben in den letzten Jahren große Verbreitung unter der Bevölkerung gewonnen. Gute Lehrmeister waren in dieser Hinsicht die Eisenbahnen. Die Eisenbahner waren ursprünglich lauter Ausländer, allmählich wuchs auch ein einheimisches geschultes Personal heran: Heizer und Maschinenführer, Schaffner, Werkstättenarbeiter, wie Schmiede, Tischler, Schlosser, Dreher, Gießer, Streckenarbeiter, Bahnmeister, Telegraphenarbeiter usw. Die Eisenbahnwerkstätten waren eine wahre Wohltat für die landwirtschaftliche Bevölkerung, denen sie die landwirtschaftlichen Maschinen und Geräte, und für die industriellen Anlagen, denen sie die Maschinen ausbesserten. So werden auch die in Ostanatolien mit den neuen Eisenbahnen entstehenden Werkstätten der industriellen und landwirtschaftlichen Entwicklung des Landes von größtem Nutzen sein, mittelbar durch die Reparaturen, die sie ausführen können, unmittelbar durch die Erziehung der Bevölkerung zu technischen Arbeitern.

Viel zur technischen Erziehung der Bevölkerung trägt die Gewerbeschule in Stambul bei. Sie wurde von ’Abdul-Hamid gegründet, um für die Provinz tüchtige Schmiede und Schlosser heranzubilden. Der Mangel an diesen Handwerkern machte sich auf dem Lande empfindlich fühlbar. Mit der Zeit wurde diese Schule immer weiter ausgestaltet. Im Sommer 1916 wurden ihr auch Abteilungen für Mechaniker, Elektrotechniker, Kraftwagenführer, Wärter landwirtschaftlicher Maschinen und Schuhmacher angegliedert. Deutsche und österreichische Gewerbeschulfachmänner wurden für die Ausgestaltung und Leitung des Gewerbeschulwesens berufen.

Weiter sorgt die Regierung für die Ausbildung eines technischen Arbeiterstandes durch die Verpflichtung, die sie allen fremden Unternehmern auferlegt, daß sie mit Ausnahme der technischen und kaufmännischen Fachleute nur einheimische Arbeitskräfte anstellen dürfen. Die englische Gesellschaft, die die staatlichen Werften ausgestalten sollte, war sogar verpflichtet, jährlich eine bestimmte Zahl von Arbeitern auszubilden.

Auch die Ausgestaltung der technischen Waffen in der türkischen Armee, wie Artillerie, Genie, Eisenbahn- und Telegraphenabteilungen, Kraftfahrwesen usw., trägt viel zur Ausbreitung technischer Kenntnisse unter der Bevölkerung bei.

Jetzt kommt die Heranbildung des höheren Personals an die Reihe. Den jungen Leuten, die sich der Technik und dem Handel widmen wollen, ist jetzt hier mehr Gelegenheit zur Ausbildung gegeben als früher. Andere gehen nach Deutschland und Österreich-Ungarn und bilden sich dort in einem technischen Beruf aus. Bei der Beharrlichkeit, womit die Jungtürken ihre Pläne verfolgen, kann es keinem Zweifel unterliegen, daß in absehbarer Zeit die Türkei über eine stattliche Zahl einheimischer Techniker verfügen wird, die für leitende Stellungen in größeren Unternehmungen befähigt sind.

VI. Voraussetzungen für das Aufblühen der türkischen Industrie.

Bei der Gründung neuer industrieller Unternehmungen wird man sich vor jeder Überstürzung und Übereilung hüten müssen, um nicht zu Schaden zu kommen. In dieser Hinsicht sind in den früheren Jahren viele Fehler gemacht worden. Die feiernden Fabriken (Zündhölzchenfabrik in Kütschük-Tschekmedsche, Papierfabrik in Beïkos, Glasfabrik in Pascha-Baghtsche usw.) sollten als Warnung dienen. Gründliche Untersuchung aller einschlägigen Verhältnisse ist dringend geboten. Unterlassungssünden können sich bitter rächen. Die Glasfabrik in Pascha-Baghtsche mußte sogar das Langstroh aus dem Auslande beziehen, indem sie die Zylinder einwickeln wollte, da die hiesige Art des Dreschens kein Stroh übrig läßt, sondern alles zu Häcksel zermalmt. Sogar wo mit europäischen Dreschmaschinen gedroschen wird, sind Vorrichtungen für die Zermalmung des Strohs angebracht.

Die Entwicklung der türkischen Industrie kann nur schrittweise vor sich gehen. Die unerläßliche Voraussetzung des industriellen Aufschwunges ist das Aufblühen der Landwirtschaft. Mit gutem Grunde richtet deshalb auch die türkische Regierung ihr ganz besonderes Augenmerk auf diesen Punkt. Nur wenn die Landwirtschaft genügend Rohstoffe erzeugt und ein aufnahmekräftiger Käufer von Industrieerzeugnissen wird, kann die türkische Industrie emporblühen. Sie kann nur auf den Inlandsmarkt rechnen, nur wenige Unternehmungen in besonders günstiger Lage werden für den Weltmarkt arbeiten können.

Es ist selbstverständlich, daß jene Industriezweige zunächst gepflegt werden sollen, die sich an die Landwirtschaft anschließen. Das sind die Lebens- und Genußmittelindustrien. Die Erzeugung von Lebensmitteln muß, neben der Erzeugung von industriellen Rohstoffen, die vornehmste Aufgabe der türkischen Volkswirtschaft sein, dafür findet sie überall guten Absatz bei geringem Wettbewerbe. Während sich nach dem Kriege die Industriestaaten den größten Wettbewerb um die Absatzmärkte machen werden, haben die Nahrungsmittel und Rohstoffe erzeugenden Staaten diesen Wettbewerb nicht zu fürchten. Die türkischen Landwirte werden also in Zukunft viel Getreide, Fleisch, Kartoffeln, Gemüse, Obst, Öl, Fett usw. erzeugen mögen, was die türkischen Gewerbetreibenden und Industriellen zu Mehl, Teigwaren, Konserven, Stärke usw. verarbeiten müßten.

Eine zweite Vorbedingung für das Aufblühen der Industrie in der Türkei ist die Ausgestaltung des Verkehrswesens. Von welcher Wichtigkeit gute Verkehrsmittel für jede Volkswirtschaft sind, ist bekannt. Die Mängel des türkischen Verkehrswesens sind eine wesentliche Ursache für die Zurückgebliebenheit der türkischen Volkswirtschaft in mannigfacher Hinsicht. Wo es keine Straßen und Eisenbahnen gibt, baut der Landwirt nur so viel, als er für Steuern und seine eigene Wirtschaft braucht, denn für den Überschuß hat er keine Verwendung. Wo Eisenbahnen ins Land kamen, vergrößerte sich sofort die Anbaufläche, und die Bauern verwandten mehr Sorgfalt auf ihre Wirtschaft, weil sie jetzt ihren Überschuß nach auswärts verkaufen konnten. Wo es gute Verkehrswege gibt, kann es auch nicht mehr vorkommen, wie das früher sehr häufig gewesen sein soll, daß in der einen Gegend Überfluß an Getreide herrscht, während in der Nachbargegend die Leute Hungers sterben. Auch während des Krieges war der Mangel an Verkehrswegen, der durch die Inanspruchnahme der Eisenbahnen durch Militärtransporte künstlich noch vergrößert wurde, die Ursache, daß manchmal in gewissen Landeserzeugnissen Knappheit eintrat. Es fehlte nicht an Waren, nur waren sie nicht immer dort, wo man sie gerade gebraucht hätte.

Gut entwickelt waren bis zum Kriege die Verbindungen zur See dank dem scharfen Wettbewerbe, den sich die fremden Schiffahrtsgesellschaften machten. Die Schiffsverbindungen mußten teilweise die mangelnden Landverbindungen ersetzen.

Unter dem Mangel an Verkehrswegen haben vor allem die Bergbauunternehmungen zu leiden, sie haben mit den größten Schwierigkeiten zu kämpfen, ihre Erzeugnisse — Erze und Metalle — an die Küste zu bringen. Vielfach geschieht der Transport auf dem Rücken von Kamelen und Eseln. Als von der Chromeisensteingrube von Adranos das Erz nach dem 90 km entfernten Verschiffungshafen Gemlik am Marmarameere auf Kamelen und Maultieren geschleppt werden mußte, betrugen die Transportspesen einer Tonne Erz 47 Franken von 69 Franken Gesamtgestehungskosten frei Bord, die Kosten der Zutageförderung nur 5 Franken. Seitdem eine fahrbare Straße angelegt ist, haben sich die Transportspesen wesentlich verringert. Auch das Bergwerk von Bala-Karaïdin hatte früher mit Transportschwierigkeiten zu kämpfen, da nur nach dem 90 km entfernten Aktscha eine Straße von Balikessr aus führte, das mit der Grube durch eine 26 km lange Schmalspurbahn verbunden war. Jetzt führt die Eisenbahn von Panderma nach Soma an der Grube vorbei. Das in Arghana-Maden gewonnene Rohkupfer wird teils auf Lasttieren nach Alexandrette am Mittelländischen Meere über Kilis 427 km und über Aleppo 506 km weit (Transportkosten 235 Franken für die Tonne Schwarzkupfer), teils nach

Tokat, um dort geläutert zu werden, und nach Samsun (575 km weit) geschleppt. In absehbarer Zeit wird Arghana-Maden sowohl Anschluß an die Bagdadbahn als an das Schwarze Meer bekommen.

Auch für die andern Industriezweige spielt der Mangel an Verkehrsmitteln eine große Rolle. In Beïkos am oberen Bosporus wurde vor Jahren eine Papierfabrik gegründet, die aber bald den Betrieb einstellen mußte. Der Transport des fertigen Papiers von der Fabrik bis nach dem wenige Kilometer entfernten Geschäftsviertel von Konstantinopel, Stambul, war nämlich ebenso teuer wie der des österreichischen Papiers von Triest bis nach Stambul. Einen Sack Mehl zu 75 kg von den Mühlen in Hausa oder Amasia nach dem 80—95 km entfernten Samsun zu befördern, kostete 20—27 Piaster, während Mehl von Marseille bis Samsun inbegriffen das Löschen nur 7 Piaster Fracht zahlte. Die Straßen im Innern sind oft so schlecht, daß kaum Reiter vorwärts kommen. Diese schlechten Verkehrsverhältnisse machten vielen Gegenden die Ausfuhr ihrer überschüssigen Erzeugnisse nach benachbarten Gegenden unmöglich. Der fruchtbare Sandschaq von Baffra, der 4 Millionen kg vorzüglichen Tabaks baut und 20 000 Pfund Getreidezehnten entrichtet, kann keinen rechten Aufschwung nehmen, weil er seine Erzeugnisse schwer ausführen kann.

In den letzten Jahren ist vieles besser geworden, und wäre der Krieg nicht dazwischen gekommen, dann wäre es auch mit der Ausgestaltung der Verkehrsmittel vorwärts gegangen. Die Ausbesserung der Straßen, die vor dem Kriege in Angriff genommen worden ist, wird nach dem Kriege vollendet werden. Dann werden auch die schon lange geplanten Eisenbahnen in Ostanatolien begonnen werden. Die Baghdâdbahn ist während des Krieges rüstig gefördert worden.

Das Post- und Telegraphenwesen verbessert sich von Jahr zu Jahr, ständig werden neue Post- und Telegraphenämter in der Provinz errichtet. Fernsprecher gibt es allerdings erst in Konstantinopel.

In den großen Orten im Innern gibt es auch Bankverbindungen, entweder Zweiganstalten Konstantinopler Banken oder einheimische Banken. Die Türken haben in den letzten Jahren verschiedene kleine Provinzbanken mit eigenem Kapital gegründet, so in Konia, Smyrna und an andern Orten.

Eine dritte Vorbedingung für das Aufblühen der Industrie ist die Verbesserung der Verwaltung und des Rechtswesens. In dieser Hinsicht ist in den letzten Jahren viel geschehen, und in den westlichen Provinzen des Reiches kaum mehr Ursache zu Klagen, höchstens über die Langsamkeit, womit viele Sachen erledigt werden. Nur im Osten hat der Fortschritt auf diesem Gebiete nicht gleichen Schritt mit dem Westen gehalten. Das ist auch leicht erklärlich. Die Türkei ist groß, und die Konstantinopler Regierung weit, denken sich da viele Beamten und führen die Geschäfte noch so, wie es in der „guten alten Zeit" üblich war und nicht, wie es die Regierung in Konstantinopel vorschreibt. Eine Überwachung der Beamten im verkehrslosen Osten ist sehr schwer und zeitraubend. Mit dem Ausbau der anatolischen Eisenbahnen wird auch in dieser Hinsicht vieles besser werden. Den Beamten fehlt es schließlich nicht an gutem Willen, sondern an Einsicht. Woher sollten sie die auch nehmen, da sie nie aus ihrer engeren Heimat herausgekommen sind und nicht wissen, wie die Menschen anderswo leben und arbeiten! In den unteren Beamtenkreisen herrscht noch vielfach die Ansicht vor, die zur Zeit des Absolutismus die ganze Beamtenschaft beherrschte: daß man dem Staate nicht besser dienen könne, als wenn man jeden gewerblichen und industriellen Fortschritt geradezu verhindere. Durch geeignete Gesetze können Regierung und Volksvertretung viel zum industriellen Fortschritt beitragen. Es fehlt jetzt noch vor allem an einem praktischen Berggesetze (vgl. Bd. I S. 78 f.).

In engem Zusammenhange mit der Vervollkommnung der türkischen Verwaltung und Rechtsprechung steht die Ausgestaltung des türkischen Volksschulwesens. Auch die ist eine Vorbedingung des industriellen Fortschritts. Die Volksschulen sollen keine technischen Arbeiter heranziehen, sondern nur den geistigen Gesichtskreis des heranwachsenden Geschlechtes erweitern. Es soll lernen, sich auch für andere Dinge zu interessieren als die tägliche Berufsarbeit, es soll Zeitungen und Bücher lesen, Vorträge anhören und halten, Lust an Wanderungen und Reisen bekommen usw. Die türkische Landbevölkerung ist eingesponnen in einen kleinen Ideenkreis, in den selten ein neuer Gedanke eintritt. Das macht, weil sie von der übrigen Welt ganz abgeschlossen ist. Selten kommt ein Fremder zu ihnen, und wenn einer kommt, kann er mit ihnen nicht sprechen, sie lesen keine Zeitungen und wissen nicht, was in der Welt vorgeht. Der Krieg hat in dieser Hinsicht als guter Lehrmeister gewirkt. Er hat die Männer durcheinandergewürfelt, die aus dem Süden nach dem Norden, die aus dem Norden nach dem Süden geworfen, die Hochgebirgler ans Meer, die Seebewohner in die Wüste, sie haben gesehen, wie die Menschen anderswo leben und arbeiten, haben neue Arbeitsgeräte und -verfahren, neue Bedürfnisse kennen gelernt. Manchen, der vielleicht sein leblang nicht nach Konstantinopel gekommen wäre, hat der Krieg hierher verschlagen. Truppweise stehen sie vor den Auslagen und betrachten die ihnen fremden Erzeugnisse einer ihnen fremden Kunst, sie streifen in den Basaren umher und lernen so mancherlei kennen, was ihnen und der Gesamtheit nach dem Kriege zugute kommen wird. Ein Volk mit guter Volksschulbildung liefert dem Staate auch ein besseres Beamtenmaterial, so daß durch die Hebung des Volksschulwesens auch an der Verbesserung der Verwaltung mitgearbeitet wird.

* * *

Die Jungtürken wollen die Türkei, wie politisch, so auch wirtschaftlich vom Ausland unabhängig machen. Deshalb wollen sie ja auch eine nationale Industrie schaffen, *nicht nur eine Industrie in der Türkei, sondern eine von Türken betriebene und geleitete Industrie.* Ihr Zweck würde aber nicht erreicht, wenn die neue Industrie ausschließlich von Fremden beherrscht würde. Das wollen die Türken nicht, sie wollen ihre Industrie möglichst allein betreiben. Sie wollen fremde Hilfe nicht verschmähen, denn sie sehen ein, daß sie den europäischen Völkern in wirtschaftlichen Sachen noch lange nicht gewachsen sind, *aber sie wollen selber machen, was sie selber machen können.* Diesem sehr berechtigten Verlangen sollten die fremden Unternehmer und Kapitalisten genau Rechnung tragen. Sie sollten nicht Unternehmungen in Angriff nehmen, wozu die Kraft und Geschicklichkeit der eingeborenen Bevölkerung hinreicht, wie z. B. Mühlen betreiben oder Teppiche knüpfen usw. Für diese Industriezweige sollten sich die europäischen Industriellen darauf beschränken, den einheimischen Unternehmern die Maschinen und die sonstige Einrichtung zu liefern, kurz, ihnen einen fertigen Betrieb hinzustellen.

Weiter sollen sie ihnen die technischen Voraussetzungen für das Aufblühen der türkischen Industrie schaffen, nämlich Eisenbahnen, Häfen, Straßenbahnen, Gas- und Elektrizitätswerke bauen, den Boden nach seinen Schätzen untersuchen, Lehrer und Werkmeister und Ingenieure entsenden und mit ihrer Kapitalkraft aushelfen.

Besonders von den Kapitalisten und Unternehmern der verbündeten Staaten erwarten die Türken verständnisvolles Eingehen auf ihre Wünsche. Diese Wünsche liegen ja auch durchaus im Interesse der deutschen Volkswirtschaft. Für diese handelt es sich vor allem darum, in der Türkei ein Bezugsland für Nahrungsmittel und industrielle Rohstoffe gefunden zu haben, das zugleich ein aufnahmefähiges Absatzgebiet für deutsche Industrieerzeugnisse ist. Die erzwungene Industrialisierung liegt durchaus nicht im Interesse Deutschlands, ebensowenig wie im Interesse der Türkei selbst.

Die nationale türkische Industrie soll auch womöglich mit türkischem Gelde finanziert werden. In den letzten Monaten sind verschiedene kleine Banken und Vorschußvereine entstanden, die das türkische Kapital sammeln und der türkischen Volkswirtschaft zuführen wollen. Unter dem Volke gibt es oft mehr Geld, als man vermuten sollte, aber dieses Geld wird in alten Strümpfen und Truhen verborgen gehalten. Erst in den Städten haben die Sparer angefangen, ihre Ersparnisse auf einer Bank zinsbringend anzulegen. Bis auf die neueste Zeit waren die in der Türkei arbeitenden Banken ausländischer Herkunft und arbeiteten mit fremdem Kapital unter fremder Leitung. Auch das soll jetzt anders werden. Erst vor wenigen Tagen hat die Regierung die Gründung einer türkischen Nationalbank beschlossen. Diese soll den Mittelpunkt des zu schaffenden türkisch-nationalen Bank- und Kreditwesens bilden. Die neue Nationalbank will in allen größeren Städten des Reiches und auch in den größeren muhammedanischen Städten des Auslandes Niederlassungen errichten[1]). Die Türken wollen sich frei machen von den „Zwingburgen" des ausländischen Kapitalismus.

Abgeschlossen am 22. November 1916.

Die jungtürkische Gewerbepolitik.

Hinweisen möchte ich als Herausgeber im Anschluß an die Herltschen Ausführungen auf die Bemerkungen über das türkische Industrieförderungsgesetz und die mit ihm befolgte türkische Gewerbepolitik, die von den „Mitteilungen der Ungarisch-Bosnischen und Orientalischen Zentrale" kürzlich veröffentlicht wurden. Dieselben stammen aus der Feder des Wirklichen Geheimrates, gewesenen Staatssekretärs im Handelsministerium, Josef Szterényi, welcher der eigentliche Begründer der modernen ungarischen Gewerbepolitik und der leitende Verfasser des ungarischen Gewerbegesetzes war. Die führenden Gesichtspunkte des neuen türkischen Gesetzes sind laut einem Auszuge, die ich dem um die rührige Arbeit der Ungarisch-Orientalischen Wirtschaftszentrale sehr verdienten Direktor Dr. Balkányi, Budapest, verdanke, nach den Ausführungen Szterényis die folgenden:

„Das türkische Gewerbegesetz datiert zwar erst vom Jahre 1913, die Vorbereitungsarbeiten begannen jedoch viel früher, zur Zeit meines Amtsdienstes, und basierten sich auf das vor kurzem ins Leben getretene ungarische Gewerbegesetz, dessen französische Übersetzung der damals noch ganz jungen jungtürkischen Regierung auf ihr Ansuchen zur Verfügung gestellt wurde. Es bedurfte jedoch mehrerer Jahre, bis die türkische Administration, die, dem orientalischen Charakter des Volkes entsprechend, in ihren Arbeiten sehr allmählich, sehr bedacht fortschreitet, das neue Gesetz erschaffen konnte, welchem hauptsächlich dieses ungarische Gesetz zur Vorlage diente. Es ist dies nicht der einzige Fall, in welchem die Türkei in der Entfaltung ihres Wirtschaftslebens dem ungarischen Beispiele nachstrebt. Als die Regenerationsarbeit mitten im Weltkriege mit vollem Ernste begonnen wurde, ließ die türkische Regierung Organisatoren, Instruktoren von uns sowohl als aus Deutschland und Österreich kommen. Zur Organisierung des Gewerbeunterrichts wurde ein hervorragender Mitarbeiter des ungarischen Fachunterrichts, ein vieljähriger, eifriger und sachkundiger Arbeitsgenosse von mir, berufen. Beim Antritte seines

---

[1]) Siehe hierüber bei Robert Stern S. 39 dieses Bandes.

Amtes wurde ihm unter anderen, den ungarischen Gewerbeunterricht betreffenden Veröffentlichungen meine, diesen Unterricht bis in die kleinsten Einzelheiten darstellende französische Arbeit vorgelegt, mit der Unterweisung, daß der türkische Gewerbeunterricht nach dem Muster des ungarischen organisiert werde. Ich erwähne dies nur nebenbei und um zu zeigen, daß die jungtürkische Regierung unsere wirtschaftspolitischen Maßnahmen stets mit großem Interesse verfolgte und dieselben — den Interessen ihres Landes entsprechend — bisweilen auch übernahm. So geschah es auch mit dem Gewerbegesetz. Es ist natürlich, daß alle Einzelheiten den veränderten Verhältnissen angepaßt wurden; es blieb aber der Grundgedanke: die Entfaltung der inländischen Industrie mittels direkter staatlicher Unterstützung. Es ist übrigens bemerkenswert, daß dieser — oft angefeindete — Grundgedanke des ungarischen Gewerbegesetzes durch den Krieg vollständig gerechtfertigt wurde. Die Entfaltung einer selbständigen, lebenskräftigen Industrie in Ungarn ist aus wirtschaftlichen sowohl als aus politischen Gründen dringend erforderlich, und da wir zurzeit die Waffe eines selbständigen Zollschutzes nicht in Anspruch nehmen wollten, griffen wir zu anderen Maßnahmen, welche zwar in ihrer Wirkung einem wohlbedachten Zollschutze nicht gleichkommen konnten, welche jedoch, zielbewußt und konsequent durchgeführt, das erstrebte Ziel bestimmt erreichen konnten.

Im Kriege haben England, Frankreich, ja sogar Deutschland dasselbe getan. Sie haben neue Industrien durch direkte staatliche Unterstützung geschaffen; nicht nur Kriegsindustrien, sondern auch andere. Und zwar geschah das nicht durch Gründung staatlicher Betriebe, sondern durch großzügige, bisher undenkbare direkte Unterstützung von Privatunternehmungen.

Die türkische Regierung verfügt, im Gegensatze zur ungarischen, über das wirksame Mittel des selbständigen Schutzzolles und hält trotzdem auch die direkte Unterstützung der heimischen Industrie für unentbehrlich. Sehr richtig. Auch wir könnten, selbst nach Errichtung eines selbständigen Zollgebietes, die direkte staatliche Unterstützung unserer Industrie — wenigstens vorübergehend — nicht vermissen. In welcher Form diese Unterstützung geboten wird, ob durch Gewährung von Barmitteln oder durch Steuer- und Zollerleichterungen, ist nebensächlich und muß überall den jeweils veränderlichen Verhältnissen gemäß entschieden werden. Das türkische Gesetz gewährt als direkte staatliche Unterstützung die Steuer- und Zollfreiheit und die unentgeltliche Zurverfügungstellung der nötigen Territorien. Die wichtigste dieser Begünstigungen ist die Zollfreiheit, die sich nicht nur auf die zur Errichtung des Betriebes notwendigen Materialien, sondern auch für eine Periode von drei bis fünf Jahren auf die zur Fabrikation nötigen Rohstoffe und Halbfabrikate erstreckt. Somit wird das Ganzfabrikat geschützt und durch die wesentliche Erleichterung der ersten Schwierigkeiten die Produktion gefördert.

Außer diesen wichtigsten Grundzügen enthält das türkische Gewerbegesetz zwei interessante Verfügungen; die eine bezieht sich auf ein Minimum der Betriebsgröße und der Produktion der unter das Gesetz fallenden Betriebe, die zweite auf die absolute Ausschließung fremder Staatsbürger. Die erste Verfügung ist unzweifelhaft richtig, indem sie den Mißbrauch mittels sogenannter nomineller Betriebe verhütet. Anders verhält es sich mit der Verfügung, welche die Ausländer betrifft; dieselbe wurde schon im Kriege nachträglich zum Gesetze hinzugefügt und folgt dem Beispiele ähnlicher englischen, französischen und italienischen Gesetzverordnungen. Es ist aber fraglich, ob eine derartige Betonung des nationalen Gefühles auf wirtschaftlichem Gebiete dem Interesse des Landes entspricht. Die großen Industriestaaten können sich in ihrem Wirtschaftsleben ausschließlich auf die eigenen Kräfte verlassen; nicht so die Türkei, die ausländisches Kapital, Technik und Fachkenntnis nicht entbehren kann. Als Kriegsgesetz, als Schutzmaßnahme den feindlichen Staaten gegenüber ist diese Verfügung zu verstehen; nach dem Kriege aber darf sie — aus wirtschaftlichen Gründen — in voller Geltung nicht bestehen bleiben."

Der Kampf um die persisch-meso-potamischen Ölfelder.

Ein Beitrag zur Weltwirtschaft und Weltpolitik.

Von

Dr. Ernst Schultze.

Inhaltsverzeichnis.

I. Die wirtschafts-politische Bedeutung Mesopotamiens und Persiens.

Man wird den Kämpfen am Tigris nicht gerecht, betrachtet man sie nur als das Ringen zweier Heere, um die gegenseitige Stärke zu erproben oder den Gegner ein paar Kilometer weit zurückzudrängen. Vielmehr kommt ihnen wirtschaftspolitisch höchste Bedeutung zu. Die Engländer wissen sehr genau, weshalb sie auf diesen Kriegsschauplatz so großes Gewicht legen, daß sie nach der Gefangennahme des Generals Townshend mit seinem Heere in dem Halbbogen von Kût-el-Amâra zu Beginn 1916 ein Jahr später abermals mit einer starken Heeresmacht auf denselben Punkt vorstießen, nachdem es ihnen bereits 1915 gelungen war, die Türken aus Korna, dem Vereinigungspunkte des Euphrat und des Tigris, zu vertreiben und nach Norden abzudrängen.

Um zwei hochwichtige Rohstoffe handelt es sich auf diesem Kriegsschauplatz: um Baumwolle und um Öl — von der politischen Bedeutung dieses Zwischenlandes schweigen.

Seit Jahren leidet die Welt Not an Baumwolle. Der schnell gestiegene Verbrauch hat die Erzeugung überflügelt. Allenthalben hat man neue Baumwollspinnereien aufgetan, und namentlich in den Ländern, in denen man Baumwolle baut, versucht man, eigene Baumwollfabriken zu gründen. Den älteren Webstoffländern — zumal England — wurde dadurch der Rohstoff knapp. Die Spinnereien von Lancashire mußten ihren Betrieb schon vor dem Kriege bedeutend einschränken, weil es nicht möglich war, genug Rohbaumwolle zu erhalten. Auch war man gezwungen, gute Miene zum bösen Spiel zu machen: an den Docks in Manchester ärgerte man sich, wenn amerikanische Baumwollballen, schlecht (um nicht zu sagen liederlich) verpackt, ausgeladen wurden, so daß sie einen Teil ihres Inhalts umherstreuten — während die unmittelbar daneben aus andern Schiffen gelöschte ägyptische Baumwolle, die freilich an sich infolge der ganz regelmäßigen Sonnenbestrahlung ihres Bodens sehr viel gleichmäßiger ausfällt als die amerikanische, in regelmäßigen, tadelfrei gepackten und verschnürten Ballen an Land gebracht wurde. Sorgfältigere Verpackung von den Amerikanern zu verlangen, war jedoch schwer möglich, weil diese sich bewußt sind, eine Art Monopol zu besitzen. Seit langem hält England daher sehnsüchtig Ausschau, ob es sich nicht andere Baumwollgebiete angliedern oder in schon gewonnenen Baumwolle anbauen könnte. Die „British Cotton Growing Association" arbeitet mit Eifer und Geschick daran, in Britisch-Ost- und Westindien, in Uganda und andern Teilen des britischen Weltreichs den Anbau von Baumwolle zu fördern.

Braucht England einen Rohstoff, oder glaubt es auch nur, ihn günstig, sei es für die eigene Erzeugung, sei es im Welthandel verwenden zu können, so pflegt es Ausschau danach zu halten, wer ihn erzeugt oder erzeugen könnte. Steht doch die auswärtige Politik Großbritanniens seit Jahrhunderten stark unter wirtschaftlichen Gesichtspunkten. Gar manche Gebiets-„Erwerbung" im 20. Jahrhundert vor dem Kriege ist dadurch veranlaßt; das Drängen nach neuen Baumwollgebieten hat sicherlich eine bedeutsame Rolle gespielt. Ich erinnere an die Gebietserweiterungen an der nordafrikanischen Küste und an die Einverleibung eines großen Streifens siamesischen Landes, die sich beide auf „friedliche" Weise ziemlich unbeobachtet vollzogen.

Auch das englische Vordringen in Arabien, das bereits viele Jahre vor dem Kriege ganz systematisch erfolgte, ist von diesem Gesichtspunkt mitbestimmt worden, wenngleich hier der politische Wunsch, rechts und links am Suezkanal einen Stacheldraht zu ziehen, überwiegen mochte.

Ganz sicher — einige englische Blätter, besonders die kolonialen Zeitschriften, haben dies offen ausgesprochen — ist das Verlangen nach neuen Baumwollgebieten für den Feldzug in Mesopotamien als richtunggebend anzunehmen. Daß letzteres durch seine klimatischen Bedingungen dazu berufen scheint, eines der wichtigsten Baumwoll-Erzeugungs-Länder der

Welt zu werden, ist bekannt. Der Eifer, mit dem Großbritannien versuchte, die von Willcox ausgeführten Bewässerungsbauten in Mesopotamien zu fördern, deutete darauf merkbar hin. Der Gedanke, daß sich durch Bewässerung eine außerordentliche Steigerung der Fruchtbarkeit dieser Landstriche erzielen lassen könne, ja daß sie dadurch vielfach überhaupt erst aufzuschließen seien, ist bereits ausgesprochen worden, ehe die moderne Technik sich den Bewässerungsaufgaben zuwandte. So schrieb schon der deutsche Reisende Burckhardt im 18. Jahrhundert in seiner Reisebeschreibung über Arabien: wo dort der Boden durch Brunnen bewässert werden könne, lasse sich der Sand alsbald fruchtbar machen. In englischen geographischen Schriften taucht der Gedanke bereits in der ersten Hälfte des 19. Jahrhunderts immer wieder auf. Für das Zweistromland kamen geschichtlich-religiöse Erinnerungen hinzu. Bei einem bibelfesten Volke wie den Engländern liegt es nahe, Vergleiche zwischen der Fruchtbarkeit Babyloniens vor einigen Jahrtausenden und seiner wirtschaftlichen Öde in der Gegenwart zu ziehen.

Sehr klug wußte England die türkische Regierung zu veranlassen, Sir William Willcox zur Untersuchung der Bewässerungsmöglichkeiten im Zweistromlande zu berufen. Durch umfangreiche Geländeaufnahmen und Wassermessungen stellte dieser fest, daß es möglich sei, im Niederungsgebiet des Euphrat und des Tigris, dem arabischen ʿIrâq, die reichen Bodenerträge wieder hervorzuzaubern, die das Altertum dort hervorbrachte. Begann doch der Niedergang der landwirtschaftlichen Kultur Babyloniens mit dem Verfall der Kanäle, der mit den Kriegswirren gegen Ende der Chalifenzeit einsetzte. Als vollends um das Jahr 1200 der Mongolensturm über das Land brauste, verwüstete er es so gründlich, daß von den Kanälen wie von der Landwirtschaft nichts übrig blieb und nur noch Trümmer den Boden bedeckten. So verwandelte sich dieses fruchtbare Land, soweit es hoch lag, in eine Steppenwüste, soweit es tief lag, in einen Sumpf. Das Niederungsgebiet der zwei Ströme, 5 Millionen Hektar groß, ist im Norden und in der Mitte kahl oder mit Dorngestrüpp und etwas Buschwerk bestanden, während es im Süden zum großen Teil von Sümpfen eingenommen wird. In den letzten Friedensjahren wurden nur etwa 200 000 Hektar bestellt, mithin der 25. Teil. Wird das Land unter gründliche Kultur gestellt, das heißt vor allem, werden die nötigen Bewässerungs- und Entwässerungs-Anlagen hergestellt, so lassen sich im Zweistromlande alle die Bodenerzeugnisse gewinnen, die Ägypten hervorbringt. Namentlich sind für Getreide und Baumwolle alle Vorbedingungen aussichtsreichen Anbaus gegeben. Die Temperatur des Zweistromlandes ist dafür mindestens ebenso günstig wie die Ägyptens [1]). Auch die Wasserverhältnisse sind ganz ähnlich, nur im Zweistromlande noch besser. Gewährt doch die Natur in Babylonien eine zeitliche Verteilung der Wassermengen, die weit günstiger ist als in Ägypten. Was hier nur durch teure Anlagen — besonders durch den riesigen Staudamm von Assuan — erzielt werden konnte, bietet die Natur im Zweistromlande freiwillig. Der Damm von Assuan kostete 100 Millionen Mark und brachte mancherlei Nachteile, unter denen die Verschlechterung der mit dem Stauwasser gezogenen Baumwolle (infolge Ablagerung der mitgeführten Schlammteile im Staubecken) nicht das Unwichtigste ist. Im Zweistromlande ließe sich das vermeiden.

Willcox entwarf Bewässerungspläne, die mit einem Kostenaufwand von 550 Millionen Mark 1 400 000 Hektar dem Anbau erschließen wollten. Jährlich könnten nach seinen Berechnungen auf der so bewässerten Fläche $1^1/_2$ Millionen Tonnen Getreide und 1 Million Ballen Baumwolle wachsen, das heißt zwei Drittel des ägyptischen Ertrages im Werte von 400—500 Millionen Mark [2]).

Die Willcoxschen Pläne, so klug erdacht sie zu sein schienen, litten jedoch Schiffbruch. Zwar übertrug die türkische Regierung der Londoner Firma Sir John Jackson, Limited, den Beginn der Ausführung der von Willcox entworfenen Pläne, doch ergaben

[1]) Vom März bis Mai gleicht sie der Kairos, vom Juni bis September der Assuans. Siehe die Arbeit des Regierungsbaumeisters Rudolph Tholens-Hannover in der Zeitschrift der Gesellschaft für Erdkunde, Berlin 1913.

[2]) Dagegen haben deutsche Forscher bisweilen vor einer Überschätzung der möglichen Anbaufläche gewarnt. Grundlegend ist dafür die Arbeit von Hermann Wagner: Die Überschätzung der Anbaufläche Babyloniens und ihr Ursprung (Nachrichten der Gesellschaft der Wissenschaften zu Göttingen, Phil.-hist. Klasse 1902, S. 224 ff.).

sich dabei so starke Reibungen, daß einmal der Wali von Bagdad von der Regierung in Konstantinopel die sofortige Aufhebung des Vertrages verlangte, weil die bisherigen Arbeiten Willcox' nichts seien als eine großartige Geldverschwendung. Dieser reiste damals, ohne um Urlaub einzukommen, nach Südamerika ab. Ohne hier auf die Frage einzugehen, wie weit technische Unfähigkeit und wie weit politische, sich hinter den Kulissen abspielende Kämpfe solche Reibungen veranlaßten, sei nur auf die Bedeutung hingewiesen, die von führenden Kreisen Englands bereits jahrelang vor dem Kriege der Erschließung des Zweistromlandes zugemessen wurde, um dadurch ein neues Baumwoll-Erzeugungsland zu gewinnen [1]).

Seit dem Ausbruch des Krieges wird in England, wie erwähnt, offen betont, wie sehr man wünscht, dieses Gebiet zu dauerndem Besitz zu erwerben. Man hofft, damit für die eigenen Baumwollspinnereien reichlichere Rohstoffe zu gewinnen. Indessen aber hat sich der Wunsch der Eroberung des Zweistromlandes noch aus einem andern Grunde verstärkt: neben der Baumwolle könnte man dort Erdöl in reichen Mengen gewinnen.

Hat doch die englische Regierung gerade vor Ausbruch des Krieges die unmittelbar benachbarten Ölfelder in Südpersien unter ihre Kontrolle gebracht, indem sie sich an dem Unternehmen der Anglo Persian Oil Company mit einem so hohen Betrage beteiligte, daß sogar das englische Unterhaus, obwohl es alle anderen damit in Verbindung stehenden Pläne der Regierung ohne weiteres guthieß, hieran Kritik übte. Selbst noch 1916 hatten führende Zeitschriften in England — beispielsweise der „Economist" — an der Art der Regierungsbeteiligung manches auszusetzen.

Für den Entschluß des englischen Staates, als Teilhaber in die Gesellschaft einzutreten, waren wohl entscheidend die Untersuchungen einer von dem Vizeadmiral Edmond J. W. Slade ge-

[1]) Siehe über die Möglichkeiten der landwirtschaftlichen Benutzung Babyloniens den Aufsatz von Professor Dr. Hugo Prinz, Kiel: Babyloniens Landwirtschaft einst und jetzt (Weltwirtschaftliches Archiv, herausgegeben von Professor Bernhard Harms, Kiel. Jena: Gustav Fischer, 1916. Bd. 8, Heft 1, S. 1—28), desgleichen das Kapitel III bei Grothe, „Türkisch-Asien und seine Wirtschaftswerte" (Frankfurt a. M. 1916).

leiteten Studienkommission, die sich vom Oktober 1913 bis Januar 1914 im südlichen Persien aufhielt. In der Presse war nicht davon die Rede, vielmehr prüfte jene Kommission gänzlich im stillen und unbeachtet eine Anzahl Ölfelder der Anglo Persian Oil Co. und erstattete darüber der Regierung einen sehr günstigen Bericht.

2. Das Eindringen Englands in die persischen Ölfelder 1914.

Im großen und ganzen werden wir den kühnen Schritt der englischen Regierung als ungemein klug bezeichnen müssen. Es kam der Admiralität damals zustatten, daß an ihrer Spitze Winston Churchill stand. Welche Schattenseiten dieser unruhige und prahlerische Mann auch hat — das eine Verdienst muß man ihm lassen: er geht allen Aufgaben, die ihm gestellt werden, ohne jede Ängstlichkeit zu Leibe. Hätte an seiner Stelle ein Seeoffizier, vielleicht gar ein 30 Jahre älterer Mann, gestanden, so darf man annehmen, daß die Admiralität nicht mit beiden Füßen in das Unternehmen der Erwerbung der persischen Ölfelder hineingesprungen wäre, die ihr nun im Kriege außerordentliche Vorteile brachten und die auch nach Friedensschluß bedeutende Erträge verheißen.

Churchill hat diesen Entschluß in sehr kurzer Zeit gefaßt und ihn ohne Säumen durchgeführt. Es war 1912, als das neue dänische Motorschiff „Selandia" auf der Rückreise von seiner ersten Fahrt nach Ostindien in London anlegte. Weder auf der Hin- noch auf der Rückreise hatte es neues Heizöl an Bord genommen, während es Schiffen mit Kohlenfeuerung ganz unmöglich wäre, eine so lange Reise ohne mehrfache Auffüllung seiner Bunker zurückzulegen. Churchill, als Erster Lord der Admiralität, hörte kaum, die „Selandia" habe in London angelegt, als er seinen Besuch ankündigte, bevor das Schiff nach Kopenhagen weiterführe. Die großen Vorzüge der Ölfeuerung leuchteten ihm bei dieser Besichtigung so ein, daß er den folgenschweren Entschluß faßte, obwohl die ganze britische Kriegsflotte bisher auf Kohlenfeuerung eingerichtet war, nunmehr in schnellstem Zeitmaß zur Ölfeuerung überzugehen. Läßt sich doch durch diese ein Drittel des für die Brennstoffvorräte nötigen Raumes sparen, die Feuerungsmaschinen werden kleiner und können im Schiffskörper an günstigerer Stelle untergebracht werden, sie sind dauernd betriebsfähig, verschlacken nicht, leiden nicht durch den auch in der besten Kohle enthaltenen Schwefel, der sich an den Kesselwänden festsetzt — kurzum, sie weisen viele außerordentliche Vorzüge auf.

Churchill entschloß sich kurzerhand, anstatt wie üblich, die Frage des Übergangs von dem älteren System zu dem neuen einem Ausschuß zu übertragen, der Jahre oder Jahrzehnte darüber gebrütet hätte, ohne Zögern zur Tat zu schreiten. Ebenso schnell führte er den Entschluß aus. Als er im Juni 1914 dem Unterhause den überraschenden Vorschlag machte, nicht weniger als 44 Millionen Mark zum Erwerb des Aktienkapitals der „Anglo Persian Oil Company" zu bewilligen, entwickelte er ein ausführliches Programm.

Er erklärte, die britische Flotte werde auch in Kriegszeiten niemals Mangel an Heizöl leiden — vorausgesetzt, daß Großbritannien im Besitze der Macht bleibe, das Öl auf dem Transport zu schützen. Im Kriege hänge die Ölzufuhr von zwei Dingen ab: von dem Ölpreis und von der tatsächlichen Macht. Das Öl lasse sich auf zwei Straßen aus Persien heranschaffen: durch den Suezkanal oder auf dem Wege um das Kap der Guten Hoffnung. Wahrscheinlich werde man den letzteren benutzen, weil die Verteilung der britischen Flotte es leichter mache, den Handel auf ihm zu schützen.

Dem Einwande, England liefere sich selbst für die notwendigen Bedürfnisse seiner Kriegsflotte einer großen Militärmacht aus (gemeint war Rußland), begegnete Churchill mit dem Hinweis, daß die britischen Schiffe hauptsächlich von Kohle lebten und daß der Teil der Flotte, der Öl brauche, nur teilweise von der Zufuhr aus Persien abhängen werde. Zudem sei England durch einen großen Ölvorrat, der für eine lange Kriegszeit ausreiche, gesichert und geschützt. Das Schlimmste, was sich vom nationalen Gesichtspunkt aus ereignen könne, wäre der Angriff einer großen Militärmacht auf ein britisches Handelsunternehmen im Ausland, an dem die britische Regierung beteiligt sei. Indessen liege kein Grund vor, eine solche Möglichkeit anzunehmen.

Allein es verging kein Jahr, bevor diese Möglichkeit zur Tatsache wurde. Im Verlauf eines weiteren halben Jahres gelang es England nicht nur, die Türken aus dem von ihnen eroberten persischen Ölgebiet wieder herauszuschlagen, sondern sie weit nach Norden zurückzudrängen, bis dann wieder die britischen Truppen bei Kût-el-Amâra eingeschlossen wurden und kapitulieren mußten.

Doch zurück zu den Verhandlungen des Unterhauses über das persische Heizöl wenige Wochen vor Kriegsbeginn. Im Laufe der Verhandlungen fragte der Unionist G. A. Lloyd, was die Regierung für den Fall eines Angriffes auf die Ölfelder zu tun beabsichtige, die doch inmitten kriegerischer Stämme lägen. Churchill erwiderte: dasselbe, was er über den Angriff einer großen Militärmacht gesagt habe, gelte in noch höherem Maße für die gewöhnlichen Störungen durch Eingeborenenstämme. Die Sicherheit von Leben und Eigentum in den Ölgebieten an der Rohrleitung entlang werde gegenwärtig von persischen Wächtern gewahrt, die von den persischen Behörden gestellt würden. In jenem Bezirk herrsche jetzt seit einiger Zeit Ruhe und Friede; die britische Regierung beabsichtige, sich auf die eingeborene Polizei und die Gendarmerie der persischen Regierung zum Schutz der Rohrleitung zu verlassen. Die Kapitalanlage, die Entwicklung von Straßen- und Eisenbahnlinien und der Industrie, an denen die Stämme und die persische Regierung beide ein Interesse hätten, sowie das Öl, aus dem beide Nutzen zögen, sollten doch die persische Regierung stark und die Eingeborenen zahm machen. (Heiterkeit.) Schließlich ersuchte Churchill das Haus, die Stellung der Regierung als die eines großen Ölverbrauchers anzusehen.

Auch Sir Edward Grey als Staatssekretär des Äußern nahm das Wort. Er teilte mit, die persischen Stämme hätten bereits anerkannt, daß der Schutz der Ölschächte in ihrem eigenen Interesse liege. Grey legte Gewicht auf die durch das Unternehmen geschaffene Erweiterung des britischen Handels in Südpersien; habe doch England ein Interesse daran, daß sein Handel nicht von Südpersien ausgeschlossen werde, während der russische vom Norden her vordringe. Spreche man von der Gefahr, daß die englisch-persischen Ölfelder von Nachbarn mit mächtigen Heeren bedroht werden könnten, so habe man Rußland und die Türkei genannt. „Ich hoffe zuversichtlich“ — so sagte er in seiner umständlichen Art —, „daß unsere Beziehungen zu diesen Mächten immer gut sein mögen. Es ist äußerst wichtig, daß wir solche Beziehungen zu der Türkei unterhalten, und es ist auch im Interesse des Friedens und aller Beteiligten von grundlegender Wichtigkeit, daß wir die besten Beziehungen zur russischen Regierung behalten. Zwei große Nationen, die so nahe und in so weiter Ausdehnung in Asien aneinandergrenzen wie Großbritannien und Rußland, haben nur die Wahl zwischen zwei Möglichkeiten ihrer Beziehungen zueinander: ihre Beziehungen können herzlich sein oder sie können gespannt sein; gleichgültig können sie nicht sein. Die Reibung, die sich zwischen ihnen ihrer geographischen Lage wegen aus Anlaß der großen Zahl kleiner Interessen ergeben muß, ist so, daß sie gespannte Beziehungen schaffen muß, wenn nicht so herzliche Beziehungen zwischen ihnen unterhalten werden, daß in der herzlichen geistigen Atmosphäre wirklich guter Beziehungen diese Reibung, die sich aus unvermeidlichen Zwischenfällen ergeben muß, verschwindet. Es ist stets mein Ziel gewesen, diese Beziehungen herzlich zu gestalten, und das ist auch das Ziel der russischen Regierung gewesen. ... Nehmen wir an, wir hätten große Schwierigkeiten mit der Türkei, und nehmen wir an, daß durch irgendeinen unglücklichen Wechsel der Politik auf beiden Seiten unsere Beziehungen zu Rußland weniger gut würden, als sie es sind, dann würde der Schutz des Ölvorkommens in Südpersien, obwohl dies von der russischen Grenze beträchtlich entfernt und schwieriges Gelände dazwischen liegt, eine Quelle der Besorgnis werden, wie es der Schutz des britischen Handels und der Schutz vieler anderer Dinge sein würde.“

Das Unterhaus nahm das Abkommen der Regierung mit der Anglo Persian Oil Company mit 234 gegen 18 Stimmen, das Oberhaus beinahe einstimmig an. So war, unmittelbar vor Ausbruch des Krieges gegen Deutschland, zu dessen Vorbereitung der Ankauf der persischen Ölfelder ein wichtiges Glied hinzufügte, der Vertrag unter Dach und Fach gebracht.

Die Regierung hatte im Unterhaus gegenüber der an dem Vertrage geübten Kritik wiederholt darauf hingewiesen, daß die Anglo Persian Oil Company schon seit 13 oder 14 Jahren die Rechte besitze, die nunmehr auf die britische Regierung übergingen, daß also ihre Gerechtsame bereits bestand, bevor das englisch-russische Abkommen geschlossen wurde, und daß ferner keine Notwendigkeit vorläge, die persische Regierung zu Rate zu ziehen, da sie ja schon damals die nötigen Rechte verliehen habe. Die russische Regierung — so betonte Grey — wüßte alles dies seit langem und werde keine Schwierigkeiten machen, da sie das Ganze nur als etwas ansehe, das allein England betreffe. Auch Churchill behauptete, die Erwerbung der persischen Ölfelder durch die britische Regierung werde keinerlei unerwartete Wirkungen auf die auswärtigen Beziehungen ausüben, und keine in Persien bestehende Schwierigkeit werde dadurch verschlimmert werden.

Aus allen diesen Reden wie aus der Haltung des englischen Parlaments ließ sich entnehmen, wie großes Gewicht man darauf legte, für die Versorgung der britischen Flotte mit Heizöl eine Quelle erworben zu haben, deren genügender Ertrag verbürgt war und die auf dem Boden eines Staates lag, dessen Machtlosigkeit ihn der Willkür Englands überantwortete. Triumphierend konnte Churchill feststellen: die Admiralität glaube, keinen Heizölmangel Großbritanniens in Kriegszeiten befürchten zu müssen; er hoffe, kein unbegründetes Gerede zu hören, als hinge das Dasein des britischen Reiches von der kleinen Erdölleitung ab, die durch Gebirgsgegenden ihren Weg suche. Das britische Reich beruhe auf dem Reichtum Britanniens und seiner Flottenstärke. Die Erdölfrage sei nicht eine Frage ersten Ranges für die Kriegführung, sondern eine Angelegenheit des Friedens und der Finanzen. Wenn die Marinesachverständigen es künftig für nötig hielten, Öl bei schnellen Großkampfschiffen, kleineren Schiffen und Torpedofahrzeugen zu verwenden, so dürfte die Regierung sich nicht wegen der Schwierigkeit der Ölbeschaffung mit weniger wirksamen Kriegsmaschinen begnügen. Die Öltrusts hätten schon lange ihr Auge auf Persien geworfen. Wenn die Politik der Regierung in dieser Frage nicht die Zustimmung des Parlaments fände, würde zweifellos eine Verschmelzung irgendwelcher Art die Anglo Persian Oil Company mit einer andern Gesellschaft zusammenführen. Die Regierung habe schon längst die Erfahrung gemacht, daß sie von den Öltrusts ausgebeutet werde und daß die Preise seit wenigen Jahren auf mehr als das Doppelte gestiegen seien. Hiernach fühle sich die Regierung verpflichtet, sich ohne Verzug eine bessere Stellung zu sichern. Die Regierung halte diese Kapitalanlage für einen vorsichtigen, vorteilhaften und geschäftlich gesunden Vorschlag.

3. Vorgeschichte der englisch-persischen Ölunternehmungen.

Im Frühjahr 1914 waren bereits mehr als 100 Kampfeinheiten der britischen Kriegsflotte für ausschließliche Ölfeuerung eingerichtet. Die Erwerbung der Gerechtsame der Anglo Persian Oil Company durch die britische Regierung stellte die Krönung des zähen, unablässigen und mit allen Mitteln geförderten Einnistens der Engländer im persischen Ölgebiet dar. Seit dem Jahre 1889 versuchten englische Kapitalisten, die Bodenschätze Persiens aufzuschließen, und verwendeten auf die Vorarbeiten Millionen.

Im Jahre 1901 ließ sich W. K. d'Arcy von der persischen Regierung Gerechtsame zur Ausbeutung von Bodenschätzen erteilen, die dem Inhaber 60 Jahre lang das alleinige Recht zur Schürfung, Gewinnung, dem Verkauf und der Ausfuhr von Erdöl und Erdölerzeugnissen aus dem ganzen Gebiete des persischen Reiches mit Ausnahme von 5 Provinzen im Norden und Nordosten gaben. Das Konzessionsgebiet umfaßte rund 1¼ Millionen Geviertkilometer. 16% des Reingewinns sollten dem persischen Staat zufallen.

Zur Ausbeutung dieser Gerechtsame und zur Durchführung der Aufschlußarbeiten zog d'Arcy ein anderes englisches Petroleumunternehmen (die „Burmah Oil Company") heran und gründete mit ihrer Hilfe zunächst 1903 die First Exploitation Company. Ihr folgte 1905 das „Concessions Syndicate Limited" und 1909 die „Bakhtiari Oil Company". Nennenswerte Erfolge waren jedoch bis 1908 kaum zu verzeichnen.

Auch die Franzosen bemühten sich, in dem persisch-mesopotamischen Ölgebiet Fuß zu fassen. Ja es scheint, daß sie zuerst auf diesen Gedanken gekommen sind. So hat bereits vor etwa 15 Jahren ein französischer Forschungsreisender, de Morgan, langjährige genaue Untersuchungen über das Erdölgebiet des Tigris von dem persischen Qaṣr-i-Schirîn bis zu dem türkischen Kerkûk unternommen[1]). Allein die Blicke Frankreichs waren auf andere Teile der Welt gerichtet, sodaß es England gelang, wie an so vielen andern wichtigen Stellen, so auch hier diesen Nebenbuhler beiseite zu schieben.

Auch ein osmanisches Syndikat sollte, wie es hieß, gebildet werden. Andrerseits ging bereits Abdul Hamid mit dem Plane um, alle aufgeschlossenen Erdölquellen zugunsten seiner eigenen Kasse auszubeuten. Nach der jungtürkischen Revolution verlautete dagegen: die türkische Regierung plane, in Erkenntnis der großen volkswirtschaftlichen Bedeutung, die der Ausbeutung der Erdölfelder auf ihrem Gebiete zukommen könne, das Petroleummonopol einzuführen.

Allein aus allen diesen Plänen wurde nichts. Es blieb bei der in sehr bescheidenem Maße für rein örtliche Zwecke betriebenen Ausbeute, die für den Weltmarkt gar keine Bedeutung hatte — bis die Engländer verstanden, durch geschicktes Zusammenarbeiten ihres 1901 gegründeten persischen Öl-Syndikates mit der Regierung die Ölgewinnung in großem Maßstabe in die Hand zu nehmen.

Erst im Jahre 1909 glückte es der „Anglo Persian Oil Company", die ölführenden Schichten mit dem Bohrmeißel zu erreichen. Diese Gesellschaft wurde am 4. April 1909 begründet, um ihre Vorgängerinnen aufzusaugen. Ihr Nennkapital belief sich auf 2 Millionen £, wovon 1 Million aus sechsprozentigen kumulativen Vorzugsaktien, die zweite Million aus gewöhnlichen Stammaktien gebildet wurde. Die letzteren wurden voll eingezahlt und kamen größtenteils in die Hände der Burmah Oil Co. Ltd.; Lord Strathcona zeichnete 50 000 £. Auch die Vorzugsaktien, von denen 900 000 £ eingezahlt wurden, kamen

[1]) J. de Morgan: Mission scientifique en Perse. (Volume III: Études Géologiques.) Paris 1905.

in der Mehrzahl in den Besitz der genannten Gesellschaft, die sich dafür verpflichtete, bis zum 26. April 1914 die sechsprozentige Vorzugsdividende zu gewährleisten. Außerdem gab die Anglo Persian Oil Co.[1]) 600 000 £ fünfprozentiger Obligationen aus, frühestens am 31. Dezember 1920 mit 5% Agio einlösbar.

Bis zu seinem Tode im Frühjahr 1914 war der kanadische Oberkommissar (High Commissioner) Lord Strathcona Vorsitzender der Gesellschaft, während der Australier d'Arcy sowohl in der Direktion der Burmah Oil Co. Ltd. wie der Anglo Persian Oil Co. sitzt. Auch alle andern Direktoren sind britische Staatsangehörige [2]).

Die Erdölgewinnung der Anglo Persian Oil Co. beschränkte sich zunächst völlig auf das Maïdan-i-Naphtun-Gebiet 225 km nordöstlich von Mohammerah. Schon im Mai 1908 traten dort bei den Bohrungen so erhebliche Mengen Rohöl zutage, daß man für zeitweise auftretende Ölspringer Erdbehälter anlegen mußte. Obwohl von den 30 bis Anfang 1914 dort niedergebrachten Bohrsonden erst 12 durch die erste Ölschicht hindurchliefen, übertraf die Ölgewinnung die Absatzmöglichkeit, so daß man zwei Bohrsonden absperren mußte. Die übrigen zehn lieferten täglich 800—900 englische Tons (1 Ton = 1016 kg) Rohöl. Indessen wurden nur drei in größerem Umfange benutzt, die allein 800 Tonnen lieferten. Genaue Angaben über die Ergiebigkeit der Bohrlöcher fehlen, ihre Lebensdauer schwankte zwischen 4 Monaten und $5^1/_2$ Jahren. Da maschinelle Hilfsmittel nicht erforderlich waren, auch eine Reinigung noch nicht nötig wurde, so kann man daraus schließen, daß die Öllager sehr beträchtlichen Reichtum aufweisen.

Die gelernte Grubenarbeit wird hauptsächlich von ge-

[1]) Über die Geschichte dieser Gesellschaft nebst ihren Abmachungen mit der britischen Regierung gibt ein Blaubuch des Jahres 1914 (Cd. 7463) Auskunft. In Hamburg ist es weder auf der Kommerzbibliothek noch in der Zentralstelle des Kolonialinstituts vorhanden.

[2]) Über die Abmachungen der Anglo Persian Oil Co. mit den früheren Gesellschaften siehe Schäfer: Die mesopotamisch-persische Petroleumfrage (Archiv für Wirtschaftsforschung im Orient, Jahrg. 1916, Weimar, Gustav Kiepenheuer, S. 31—65) S. 39 ff.

lernten Arbeitern aus Burma verrichtet. Dagegen läßt man die ungelernte Arbeit gemäß den Vorschriften des Vertrages durch persische Arbeiter tun. In der Umgebung von Maïdan-i-Naphtun sind große Werkstätten und Lagerräume angelegt. Die Zahl der Arbeiter beträgt rund 1000 [1]). Auch befinden sich dort geschlossene stählerne Ölbehälter, daneben auch offene Erdölbehälter für insgesamt 60000 Tons Rohöl.

Ein weiterer Schritt war die Pachtung der Insel ʿAbbadân, von der wir bis zum Jahre 1913 so gut wie nichts wußten. Sie liegt im Flußgebiete des Schatt-el-ʿArab nicht weit von Muḥammera in der Mündung des Karûn und gehört zu Persien.

Eine besondere Gesellschaft, „Strick, Scott & Co.", verstand es, die persische Regierung zur Verpachtung der Insel auf 99 Jahre zu bewegen. Dann errichtete die Firma auf der Insel hübsche Bauten und verwandelte sie in eine kleine europäische Stadt mit elektrischer Beleuchtung und telephonischer wie telegraphischer Verbindung nach den Petroleumquellen. Im Dienste der Gesellschaft stehen 7000 Arbeiter.

Dem Jahresbericht des österreichisch-ungarischen Konsulates in Bagdad von 1913 seien folgende Mitteilungen über den schnellen Aufschwung von ʿAbbadân entnommen: „ʿAbbadân unterhält schon einen kleinen Handel mit dem Auslande. Im Mai 1912 wurden mehrere Tonnen Petroleum, erst zur Hälfte raffiniert, auf dem Seeschiff „Sultan Van Koeti" von ʿAbbadân mit der Richtung Java abgesandt. Ferner hat das Schiff „Minhla" ebenfalls 1000 Tons desselben Petroleums für Rangoon mitgenommen. Das Schiff „Julmar", welches der Gesellschaft „Lynch" gehört und auf dem Tigris verkehrt, hat zweimal von Abadan 107 Faß dieses Petroleums übernommen. Seitdem hat aber diese englische Gesellschaft ʿAbbadâns ihr Petroleum so gut raffiniert, daß dasselbe in bezug auf Klarheit dem russischen Petroleum als gleichwertig angesehen wird. Im Jahre 1912 hat ʿAbbadân die nötigen Eisenbestandteile erhalten, um eine Barke von 1000 Tons zu montieren. Das Schiff „Adalia" hat ihm 200 000 Holzkisten überbracht, welche die zur Ausfuhr bestimmten

[1]) Genaue Mitteilungen über die weitere Entwicklung finden sich in dem Aufsatze Schäfers S. 44 ff.

Petroleumkannen enthalten sollen. „Kingsgate“ hat 20 000 Kisten verfrachtet, welche Weißblech für die Fabrikation der Kanne enthielten. Die Gesellschaft wird endlich große Geschäfte mit ihrem Petroleum machen können. Die Verpackung ist dieselbe wie bei den andern Petroleumarten. Die Kisten tragen die Marke eines Palmbaumes. Ungefähr 400 Kisten dieses anglo-persischen Petroleums sind als Proben nach Baghdâd gelangt. Die Qualität wurde für gut befunden, und man glaubt hier, daß dieses Petroleum mit dem russischen ernstlich wird konkurrieren können.“

Die Ergiebigkeit der Ölquellen bei Maïdan-i-Naphtun ergibt sich auch aus der Tatsache, daß Anfang 1900 ein Schacht, den man vorläufig zugeschüttet hatte, die Erdsperre durchbrach und täglich 2100 Tons ausfließen ließ. Da die Rohrleitung diese Menge nicht außer den schon täglich abzubefördernden fassen konnte, mußte der Schacht von neuem zugeschüttet werden, um den Ausfluß auf täglich 1500 Tons zu vermindern.

Auch die Raffinerie in Muḥammera genügte damals noch nicht, Schäfer berichtet [1]): „Mangels genügender Kapazität der Raffinerie wird ein Teil der Ausbeute in den Raffinerien der von dem Royal Dutch-Shell-Konzern kontrollierten „Anglo-Egyptian Oil Fields“ in Suez raffiniert und durch die „Asiatic Petroleum Co.“ verkauft; jedoch dürfte die Ergiebigkeit der neuerdings erschlossenen Ölfelder (bei Gemsah) allmählich die ägyptischen Raffinerien allein genügend in Anspruch nehmen; auch ist die Anglo-Persian an die Vergrößerung ihrer Raffinerien herangegangen.“ Von der „Imperial Bank of Persia“ ließ sich die Gesellschaft die Erlaubnis zum Bau einer Bahn von Muḥammera über Ahwâz und Dizful nach Choremâbâd übertragen. Für die 225 km lange Strecke Muḥammera-Dizful waren die Absteckungs- und Vermessungsarbeiten im Februar 1914 beendet, während die Fortführung der Arbeiten für die 130 km lange Strecke nach Khoremabad infolge der feindlichen Haltung der dort wohnenden Lurenstämme auf Schwierigkeiten stieß. Immerhin konnte zu Beginn des Jahres 1914 mit dem Bau der Bahn Muḥammera-Dizful begonnen und eine größere Zahl von Bohrtürmen zwischen den letzteren beiden Orten aufgestellt werden.

[1]) Schäfer S. 47.

4. Die neuesten Geschäftsergebnisse.

Die britischen Ölfelder in Persien gewannen mithin Bedeutung um das Jahr 1908. Bis dahin war die Technik der Ölfeuerung nicht entwickelt genug, auch lieferten die Bohrungen in Persien nicht eben viel. Nachdem ursprünglich nur geringe Mengen gewonnen wurden, die zur Hauptsache dem eigenen Bedarf dienten, hatte man durch glückliche Bohrungen im Maïdan-i-Naphtun-Felde östlich von Schuschter seit 1908 erheblich größere Mengen zur Verfügung. Nutzen für die Gesellschaft erwuchs daraus jedoch erst, nachdem die Rohrleitung fertiggestellt und eine Raffinerie angelegt war. Bis dahin herrschte der eigenartige Zustand, daß die Gesellschaft weit mehr Petroleum zur Verfügung hatte, als sie verbrauchen oder fortschaffen konnte. Ein Bohrloch lieferte anfangs 2000 Tonnen täglich. Da jedoch auch nach Fertigstellung der ersten Rohrleitung die Transportmöglichkeiten nicht ausreichten, und da sich der Bau der Raffinerie verzögerte, sah man sich gezwungen, die Erzeugung möglichst einzuschränken. 1914 ergab eine Sonde täglich etwa 7500 Fässer (Barrels), obgleich sie bis zu einem Druck von 22 Atmosphären gesperrt war. Die Jahreserzeugung betrug mithin 450 000 Tonnen. Da sich die Welterzeugung um etwa 60 Millionen Tonnen bewegt, so ergibt sich ein Anteil von rund 0,75% — immer aber noch viel zu viel für die Beförderungsmöglichkeiten, so daß sich die Gesellschaft in den ganzen letzten Jahren gezwungen sah, bedeutende Mengen, die sie weder unterbringen noch fortschaffen konnte, zu verbrennen. Alles hing von dem Bau einer weiteren, bedeutend größeren Rohrleitung ab.

Daher waren die Geschäftsergebnisse noch nicht günstig. Mußten doch 16% vom Reingewinn an die persische Regierung und 5% an die Inhaber der Vorzugsaktien gezahlt werden, bevor an weitere Dividenden zu denken war. Deshalb wurde auch das Kapital noch nicht voll eingezahlt. Nach der Eintragung in das Handelsregister ist es bemessen auf:

Stammaktien	1 000 000 £
Vorzugsaktien	999 000 £
	1 999 000 £

Laut dem Vertrage vom 20. Mai 1914, wodurch die Gesellschaft zu einem halbstaatlichen Unternehmen wurde, wurde das Aktienkapital um 2 001 000 £ erhöht, so daß es nunmehr 4 000 000 £ betrug.

Dieses Gesamtkapital verteilt sich auf folgende Interessengruppen:

englische Regierung	2 001 000 £
andere Interessen (insbesondere Burmah Oil Co.)	1 999 000 £
	4 000 000 £

Ferner übernahm die Regierung weitere 199 000 £ Obligationen. Andererseits verpflichtete sich die Gesellschaft durch Artikel 6 des Vertrages, nicht mit irgendwelchem Trust in Verbindung zu treten, sondern „stets eine unabhängige britische Gesellschaft zu sein und zu bleiben".

Der englische Staat hat durch die ganz geringe Mehrheit, die er von dem Aktienkapital besitzt, das unbedingte Verfügungsrecht über die Gesellschaft. Auch behielt er sich vor, die schon früher ausgegebenen Obligationen von 600 000 £, die frühestens am 31. Dezember 1920 zurückgezahlt werden dürfen, zu erwerben. In den Aufsichtsrat der Anglo Persian Oil Co. traten als Vertreter des Schatzamtes und der Admiralität zwei Direktoren, die gegen sämtliche Maßregeln der Gesellschaft das Verbotsrecht besitzen. Auch bei der Besetzung des Direktoriums behielt sich der Staat maßgebenden Einfluß vor. Er verpflichtete sich andererseits, zu den im Staatshaushalt ausgeworfenen Summen das von der Gesellschaft gewonnene Heizöl zunächst während eines Zeitraums von 30 Jahren abzunehmen.

Von dem Aktienkapital waren bis zum Ende des Geschäftsjahres 1915/16 (1. April 1915 bis 31. März 1916), über das der „Statist" vom 13. Januar 1917 Mitteilungen macht, eingezahlt: 3 000 000 £ Aktienkapital — und zwar die Vorzugsaktien ganz, die nicht der Regierung gehörigen Stammaktien ebenfalls ganz, und die der Regierung zur Hälfte.

Seither wurden auf die Regierungs-Stammaktien weitere $2\frac{1}{2}$ s. (also der 8. Teil) eingefordert und gezahlt.

Dieses Geschäftsjahr brachte zum ersten Male einen Gewinn, der nach Zahlung der Vorzugsdividenden erlaubte, auf neue Rechnung 33 646 £ vorzutragen. Dagegen schloß das vorige Geschäftsjahr (April 1914 bis März 1915) zwar ebenfalls mit einem Gewinn (von 90 431 £), der jedoch dazu verbraucht wurde, den Verlust des Vorjahres von 26 711 £ auszugleichen, während die Restsumme von 63 720 £ dazu diente, die Dividende auf die sechsprozentigen Vorzugsaktien zu zahlen, so daß nur ein Übertrag von 7878 £ verblieb [1]). Damals übten die führenden englischen Finanzblätter noch starke Kritik an dem Unternehmen. Sie betonten, daß der Bericht alle die ernsthaften Bedenken rechtfertige, die aus Wirtschaftskreisen geäußert wurden, als die Regierung wenige Monate vor dem Kriege den entscheidenden Einfluß in der Anglo Persian übernahm. Der Hauptnachdruck lag damals auf dem Umstande, daß die Rohrleitung durch das Gebiet unruhiger Stämme laufe, so daß diese 150 englische Meilen (240 km) lange Leitung sich schwer verteidigen lasse, mithin die Erwerbung gerade für Kriegszeiten von geringem Nutzen sein werde. Tatsächlich hatten sich diese Befürchtungen, wie noch erwähnt werden soll, erfüllt. Dadurch war es unmöglich geworden, das Kapital von 2 300 000 £, das die Regierung in das Unternehmen gesteckt hatte, zu vollem Ertrage zu bringen, obwohl im Raffineriebetrieb ebensowenig eine Unterbrechung eingetreten sei wie in den umfangreichen Arbeiten, die zur Erweiterung des Betriebes der Gesellschaft unternommen wurden. Anerkannt wurde, daß die Raffinerie dauernd gute Ergebnisse aufwies. Monatlich wurden etwa 7 Millionen Gallonen raffiniert. Dem Expeditionsheere am Tigris erwuchs daraus eine nicht unbedeutende Unterstützung.

Im Geschäftsjahre 1915/16 war das Gesamtergebnis dann für England so günstig, daß auch die Finanzpresse darüber

[1]) Am 31. März 1916 standen die Konzessionen nebst den Aktien und Beteiligungen an andern Gesellschaften zu Buche mit 1 777 473 £ 1 s. 3 d., die Betriebsanlagen, Tanks, Rohrleitung und Raffinerie mit 1 554 849 £ 18 s. 4 d. Die Unkosten, einschließlich aller im Bau befindlichen Anlagen, stellten sich auf 419 255 £ 0 s. 10 d. Die Ansprüche an die persische Regierung wegen Ersatz für Beschädigung der Rohrleitung durch Aufständische im Jahre 1915 waren verbucht mit 160 000 £.

hocherfreut berichtete. Inzwischen gelang es, den oberen Teil einer neuen 10zölligen Röhrenleitung zu legen, die mit der schon vorhandenen 8zölligen verbunden werden konnte; der Rest werde in wenigen Wochen fertig sein. Dann werde es möglich sein, sehr viel mehr Rohöl in die Raffinerie zu pumpen. Schon jetzt ist die Menge des raffinierten Petroleums auf das Doppelte gestiegen, im nächsten Jahre erwartet man eine nochmalige Steigerung von 40%.

In der Generalversammlung, die am 8. Januar 1917 in London stattfand, hielt der Vorsitzende der Anglo Persian eine Rede, in der es hieß: es bestehe heute noch kaum ein Zweifel, daß die Regierung mit dem Erwerb von zwei Dritteln der Interessen der Gesellschaft dem Staat ein Aktivum von riesigem Werte gesichert habe, das nicht nur bei weiterer Entwicklung dem Staatssäckel beträchtliche Einkünfte bringen, sondern auch den englischen Verbrauchern eine Schutzwehr gegen Monopolgefahren bieten werde. Für die Staatseinkünfte sei der Vertrag so günstig, zudem lasse sich der größere Teil oder der ganze Bedarf an Petroleumerzeugnissen dadurch unter staatlicher Überwachung so gut decken, daß es nunmehr von höchster Bedeutung für das Reich sei, mit der Politik des Staates gegenüber der Anglo Persian Oil Company fortzufahren und sie noch auszudehnen.

Für die nächsten Berichtsjahre erwartet man — falls nicht Zwischenfälle eintreten — mit Recht noch wesentlich günstigere Erträge, da der Betrieb 1915/16 infolge Beschädigung der Rohrleitung durch persische Aufständische 3 Monate lang stillag und da das Kapital für die im Bau befindlichen Betriebserweiterungen erst nach voller Arbeitsleistung der Raffinerie sich entsprechend verzinsen wird, die ihrerseits wieder abhängt von der gänzlichen Fertigstellung der neuen, größeren Röhrenleitung. Der Jahresbericht nimmt an, daß sich der Gewinn für das laufende Jahr auf Grund der bisherigen Ergebnisse noch bei weitem höher stellen werde, und daß wiederum die nächsten Jahre eine noch weitere Zunahme des Reinertrags erwarten lassen, sobald die Anlagen voll im Betrieb sind.

Ausdehnung und Ergiebigkeit der persischen Ölfelder sind den Erwartungen, die man in sie setzte, völlig gerecht geworden. Die Sonde F 7, die 1915 täglich 7500 Fässer lieferte, ergibt heute täglich 10 000 Fässer (1600 Tonnen), obwohl die Förderung noch durch einen Druck von 22 Pfund auf den Quadratzoll (d. h. rund 17 Atmosphären) eingeschränkt ist. Ohne diesen Druck würde das Bohrloch imstande sein, täglich 25 000 Fässer (4000 Tonnen) zu liefern. Allein diese eine Quelle hat in den 5 Jahren, die sie läuft, obwohl sie durch den größten zulässigen Druck so sehr wie möglich gehemmt ward, ungefähr 1¼ Millionen Tonnen Öl ergeben und zeigt trotzdem nicht die geringste Spur von Erschöpfung.

Sehr ergiebig ist ebenfalls die Sonde 8 B, die seit Anfang 1913, obwohl sie noch gar nicht durch den ersten Ölhorizont hindurchgeführt ist und ebenfalls unter dem höchstmöglichen Druck abgesperrt ist, 300 000—400 000 Tonnen Öl ergab. Beide Quellen gemeinschaftlich decken augenblicklich den gesamten Bedarf.

6 Sonden, die an weit auseinanderliegenden Punkten der Ölfelder eingestellt waren, bevor sie die ölführenden Schichten erreichten, wurden im letzten Berichtsjahre weitergeführt, und alle Anzeichen deuten darauf hin, daß sie ebenso ergiebig sind wie die Sonden F 7 und 8 B.

Auch auf anderen Feldern, über deren Lage der Geschäftsbericht der Anglo Persian Oil Company nichts sagt, schürfte man weiter mit Erfolg. Eine erste Bohrung hatte ungünstige Lage, eine zweite traf in etwa 300 m Tiefe auf Sand, der Öl von sehr guter Beschaffenheit lieferte, das den ganz ungewöhnlichen Benzingehalt von 73% aufwies; die eigentliche Ölschicht hofft man in größerer Tiefe zu finden. Auf einem dritten Felde mußten die Geologen ihre Arbeiten wegen der Wirren vorübergehend einstellen; auch hier sollen die Anzeichen günstig sein.

Der Jahresbericht der Anglo Persian Oil Company über 1915/16 stellt bedauernd fest, daß a u c h i n d i e s e m J a h r e g r o ß e M e n g e n R o h ö l v e r b r a n n t w e r d e n m u ß t e n, weil sie bei der geringen Leistungsfähigkeit der Pumpanlagen und der Rohrleitungen nicht in die Raffinerie geschafft werden und ebensowenig in Tanks oder Erdölvorratsbehälter gefaßt werden konnten.

M i t t e 1 9 1 7 erwarb die „Anglo-Persian Oil Co." von dem Zwangsverwalter der „British Petroleum Co." die „Homelight

Oil Co." und die „Petroleum Steamship Co.", deren gesamter Aktienbesitz sich in den Händen der europäischen Petroleum-Union befand, die bekanntlich von der Deutschen Bank beherrscht wird. Neben einer großen Anzahl von Tankdampfern kommen 15 große Petroleumlager mit Landungseinrichtungen für Seeschiffe, 185 000 Tonnen Lagerraum, dazu 520 kleinere Depots, 535 Tankwagen und 1100 Motor- und sonstige -wagen, Ländereien, Häuser usw. in verschiedenen Teilen Englands in den Besitz der „Anglo-Persian Oil Co." [1]).

5. Der türkische Vorstoß 1915.

Je unentbehrlicher die persischen Ölfelder für England sind, desto mehr bilden sie eine Achillesferse. England erfuhr dies bei dem türkischen Vorstoß im ersten Halbjahr 1915, traf aber seine Maßnahmen so rechtzeitig, daß es den Feind bald wieder zurückwerfen konnte.

Es kam ihm dabei zustatten, daß die Verbindung mit dem Zweistromlande einstweilen von Indien aus zur See leichter zu bewerkstelligen ist denn von Konstantinopel aus zu Lande. Freilich ist die letztere Entfernung in der Luftlinie etwas kürzer, aber auch um so mühevoller. Es sind alle die bekannten Verkehrsschwierigkeiten in Kleinasien zu bewältigen, und kurz vor Baghdâd wachsen sie noch, da es an geeigneten Verkehrsmitteln für die Massenbewegung von Truppen, Kriegsgerät und Lebensmitteln fehlt — während sich alles dies von Indien aus auf dem Seewege viel leichter heranschaffen läßt.

Die Türken hatten ungeheure Mühe, die nötigen Brennstoffe für den Betrieb der Verkehrsmittel heranzuschaffen. Gehen doch Kohlen aus Deutschland bis nach Konstantinopel und darüber hinaus, um diese Brennstoffnot zu lindern! Es ist ein kohlenarmer Teil der Welt, zu dem dieser Kriegsschauplatz gehört. Als nächster großer indischer Hafen wird von den Engländern Karatschi für Truppen- und Kriegsgerät-Beförderung benutzt. Von hier durch den Persischen Golf ist es leichte Schiffahrt bis

[1]) „Times" vom 7. Juni 1917.

zum Hafen von Quweït oder auch Baṣra. Dort erst beginnen die Schwierigkeiten. Sie sind doppelter Natur: klimatisch, da die Hitze im Sommer beinahe unerträglich ist, und verkehrstechnisch.

Die ersten Ölfeuerungsversuche geschahen, lange bevor der Dieselmotor erfunden wurde, mit dem sogenannten Masud auf Dampfern des Kaspischen Meeres, da man dort keine Kohle, wohl aber Überfluß an Naptha besaß.

Zum ersten Male benutzte ein Schiff auf dem Tigris Ölfeuerung im Jahre 1912. Es gehörte der „Société de Transports fluviaux en Orient", die am 5. Juli 1912 auf Grund einer Übereinkunft zwischen der Deutschen Bank und der Lynch-Gesellschaft begründet wurde, um die englisch-deutsch-türkische Schiffahrtsgesellschaft vorzubereiten, die im Zusammenhang mit der Verständigung zwischen Deutschland und England geplant war. Das Schiff bezog sein Rohöl aus 'Abbadân, feuerte jedoch mit Kohle an.

Die Engländer befanden sich daher, hielten sie die persischen Ölfelder, gewaltig im Vorteil gegen die Türken. Hätten letztere Motorboote und eine genügende Zahl von Öllokomotiven für ihre kleinasiatischen Eisenbahnen gehabt, so wäre der Feldzug anders verlaufen. So gelang es nur, England einmal an der persischen Achillesferse, die vielleicht noch empfindlicher ist als der Suezkanal, schmerzhaft zu verwunden, indem die 220 km lange Rohrleitung unterbrochen wurde, die die Ölfelder in der Gegend von Schuschter mit der Raffinerie auf der Insel 'Abbadân am Schatt-el-'Arab nicht weit von Muhammera verbindet.

Anfang Februar 1915 war ein Teil der Rohrleitung durch persische Stämme zerstört worden. Alsdann besetzten die Türken, kräftig vorstoßend, den wichtigen Punkt Ahwâz am Karûn, wobei sie die Rohrleitung in ihre Hände brachten, während sie an der russischen Kaukasusfront und in den nordwestlichsten Teilen der persischen Provinz Aserbeidschan den Kampf hinhaltend führten. Dort fehlten ihnen die Verkehrsmittel noch mehr, während die Russen für ihre Truppenbewegungen eine genügende Zahl von Eisenbahnen besitzen. Wenn im Südosten die Türken trotz allen Verkehrsnöten kräftig vorgingen, so zeigt dies, welche Bedeutung sie dem dortigen Kriegsschauplatz politisch und wirtschaftlich beimaßen. Eine 2000 Mann starke türkische Abteilung drang, wie eine Londoner Drahtung vom 5. Februar 1915 aus Isfahân meldete, über Ahwâz am Karûn in das von den Engländern besetzte Erdölgebiet der persischen Provinz Chusistan vor, um ihnen die Erdölquellen zu nehmen. Den indischen Truppen, die nach Irâq el 'arabi entsandt waren, wollte es andererseits nicht gelingen, die türkische Heeresabteilung zu vertreiben, die bei Qorna am Zusammenfluß von Euphrat und Tigris dem Feinde den Vormarsch wehrte. Der Scheïch von Muḥammera (an der Mündung des Karûn in den Schatt-el-'Arab), der sich gegen den heiligen Krieg erklärte, da die Engländer ihn bestochen hatten, wurde gegen Ende Dezember 1914 ermordet, und auch Muḥammera, das den Zugang zu dem Erdölgebiet deckt, fiel bald darauf in türkische Hände.

Dann jedoch gelang es den britischen Truppen unter General Gorringe, am Karun Erfolge zu erzielen, während gleichzeitig die am Tigris vorstoßende Heeresabteilung Fortschritte machte. Immerhin konnte die Rohrleitung erst im Juni 1915 wiederhergestellt werden, und da es nicht möglich war, die Bohrlöcher abzusperren oder das Öl in Vorratsbehältern zu bergen, so sahen sich die Engländer genötigt, 144 000 Tonnen Öl zu verbrennen.

Im April 1915 wurde noch immer in der Gegend von Muḥammera, also an der Mündung des Karûn, gekämpft, während von dem etwa 120 km nach Norden landeinwärts gelegenen Ahwas keine Rede mehr war. Die Türken, unterstützt von arabischen Stämmen, befanden sich anfänglich in der Überzahl. Auch der Versuch der Engländer, sich des deutschen Konsuls in Buschehr zu bemächtigen, scheiterte. Noch Ende Juni 1915 wurde gemeldet, daß die englisch-indischen Truppen im Karûngebiete einen Verlust von etwa 1000 Mann nnd 6 Geschützen erlitten. Ebenso verliefen die Kämpfe in Mesopotamien günstig für die Türkei. Am 14. und 15. Juli 1915 kam es westlich von Qorna am untersten Euphrat zu einer Schlacht, in der die Engländer mit Hilfe eingeborener Truppen versuchten, den rechten türkischen Flügel zu umgehen. Allein sie wurden durch einen Gegenangriff in den Euphrat getrieben und zu eiliger Flucht gezwungen.

Ja, es schien damals beinahe, als hätten die Türken eine Besetzung Bakus im Sinn. Die Brennstoffnot, die in den verschiedenen Teilen des russischen Reiches herrschte, hätte sich dadurch empfindlich steigern lassen. Indessen kam es nicht zur Ausführung des allzu kühnen Planes. Auch mußten die Türken sowohl am Karûn wie bei Qorna zurückgehen. Wahrscheinlich lag die Ursache darin, daß sie ihre beste Kraft an den Dardanellen brauchten. Auf den Nebenkriegsschauplätzen, zu denen auch das persisch-mesopotamische Ölgebiet gerechnet wurde, konnten die Türken damals nur Redifs (Landwehr) und irreguläre Truppen verwenden.

Noch unter dem 30. Mai 1915 meldete die „Times", daß die Engländer sich in dem Zweistromlande infolge des ungünstigen Klimas und der sehr schlechten Lage bei Baṣra nur eben hielten. Selbst in den Gefechten, in denen sie den Sieg beanspruchten — wie bei Schaiba, wo jedoch auch die Türken gesiegt zu haben behaupten — waren die britischen Verluste bedeutend. Bei Schaïba verloren die Engländer allein an Offizieren mehr als 20 Tote, Verwundete und Vermißte, darunter 3 Regimentskommandeure und 20 Stabsoffiziere. Augenscheinlich waren die Offiziere gezwungen, um ihre indischen Truppen anzuspornen, sich selbst stark auszusetzen.

Durch weitere Truppennachschübe und mehr noch durch die Zuspitzung der Lage an den Dardanellen sowie durch andere Gründe, die wir heute noch nicht klar übersehen (namentlich Brennstoffnot!), verschoben sich alsdann um den August 1915 die Dinge auf dem persisch-mesopotamischen Kriegsschauplatz. Daß es nicht die Tüchtigkeit der britischen Truppen, sondern die allgemeine Lage war, die diese Änderung hervorbrachte, läßt sich aus der Tatsache schließen, daß die Engländer meines Wissens nicht einen einzigen bedeutenden Sieg während jener Zeit gewonnen zu haben behaupten.

Jedenfalls gelang es ihnen im August 1915, den oberen Teil der 10zölligen Rohrleitung an die alte 8zöllige anzuschließen, so daß sich die Leistungsfähigkeit bedeutend steigerte. Nach Fertigstellung der ganzen Leitung, die inzwischen erfolgte, ist es möglich, jährlich rund $1^1/_2$ Millionen Tonnen Rohöl von den Ölfeldern in die Raffinerie zu pumpen. Durch weitere Pumpanlagen glaubt die Anglo Persian Oil Company diese Menge leicht und mit verhältnismäßig geringen Kosten auf jährlich 3 Millionen Tonnen bringen zu können. Indessen dürfte nicht einmal die neue Rohrleitung ausreichen, die gewaltige Erzeugung dieser Ölfelder abzuzapfen, so daß bereits der Bau einer dritten Rohrleitung in Angriff genommen wurde, die man noch 1917 fertigzustellen hofft.

* * *

Es ist den Engländern also schnell gelungen, die kurze türkische Besetzung und das Eingreifen feindlicher persischer Stämme wieder auszuschalten. Soweit wir durch den dichten Schleier, der über vielen dieser Dinge liegt, hindurchsehen können, handelt es sich um einheimische Stämme, die sich ihren türkischen Glaubensgenossen anschlossen, um entgegen der schwankenden Haltung der persischen Regierung den Kampf gegen England aufzunehmen. Die Briten klagten damals: die persische Regierung sei unglücklicherweise nicht fähig, die Tätigkeit dieser „politischen Freibeuter“[1] zu beherrschen, „die in einem neutralen Lande augenblicklich die Autorität des Herrschers und der Regierung auf das äußerste mißachteten und in einigen der Hauptstädte alle Macht und Autorität der Regierung ausübten“.

Selbstverständlich waren deutsche Unruhestifter dafür verantwortlich. Man dürfe wohl sicher sein, daß es der britischen und der russischen Regierung gelingen werde, nach nicht langer Zeit „diese gesetzfeindlichen Deutschen zu richtiger Anerkennung ihrer Pflichten als Bewohner eines neutralen Landes zu bringen und Persien auf diese Weise in den Stand zu setzen, nicht nur seine Neutralität, sondern auch seine Unabhängigkeit zu behaupten, die gegenwärtig durch den Prinzen Reuß und sein Gefolge von militärischen Abenteurern und unverantwortlichen persischen Rebellen gefährdet wurde, die sich so lange nicht um das Schicksal ihres Landes kümmerten, als ihre Begehrlichkeit mit deutschem Golde genährt wurde“.

Man rühmte in England, daß die Häuptlinge der Bachtiaren den Anstrengungen der Deutschen, sie in den Aufstand

[1] So schrieb beispielsweise der „Economist“ vom 25. Dezember 1915.

hineinzuziehen, fest widerstanden hätten, und daß der Scheich von Muhammera englandfreundlich gesinnt bleibe, so daß der Betrieb der Raffinerie überhaupt nicht gefährdet wurde.

Den Verlust, der ihr durch die Beschädigung der Rohrleitung und durch die daraus erwachsende Unmöglichkeit der Ölförderung für einen Zeitraum von $4^1/_2$ Monaten zugefügt wurde, schätzt die Anglo Persian Oil Company in ihrem Jahresbericht auf 160 000 £. Auf Grund des Konzessionsvertrages will sie dafür die persische Regierung verantwortlich machen, die ebenfalls zur Deckung der Mindereinnahmen herangezogen werden soll, die durch die Verzögerung im Legen der neuen Rohrleitung eintraten. Allerdings trage Persien an dieser Schädigung eigentlich nicht die Schuld; hoffentlich gelinge es der englischen Regierung, bei den Friedensverhandlungen durchzusetzen, daß die wirklich Schuldigen, nämlich Deutschland und die Türkei, den Schaden zu übernehmen hätten.

6. Üble Lage der persischen Regierung.

Persien kommt durch diese Schadenersatzansprüche in eine üble Lage. Daß die Regierung, so wenig sie ihrem englischen Peiniger geneigt sein mag, trotzdem die Hand zur Zerstörung der Rohrleitungen nicht bot, dürfte außer durch ihre Machtlosigkeit durch die zwiespältige Lage veranlaßt sein, in die sie durch den Konzessionsvertrag gestellt ist. Gibt es schon wenig Einzelmenschen, die einer starken Geldverlockung widerstehen können, so sind Regierungen dagegen in der Regel noch weniger gefeit. Selbst in Kulturstaaten heißt es: Der Fiskus hat kein Gewissen! Für eine beständig an Geldnot leidende Regierung wie die persische nun gar muß es die schwerste Verlockung bieten, durch den Betrieb einer fremden Gesellschaft, für die sie nicht den kleinen Finger zu rühren braucht, 16% eines nicht unerheblichen Reinertrages zu erhalten. Es ist daher anzunehmen, daß Idealismus und Weitblick in der persischen Regierung diesen Versuchungen nicht standzuhalten vermochten, so daß ihr die Beschädigung der Rohrleitung höchst unlieb war.

Freilich hat sie sich nun gerade durch ihre Untätigkeit zwischen zwei Stühle gesetzt. Die günstige Gelegenheit, den englischen Eindringling durch kräftigen Stoß aus dem Lande zu werfen und ihm die Wiederbesetzung der Ölfelder und damit jede weitere Kriegführung in diesem Gebiete wesentlich zu erschweren, hat sie für diesmal versäumt, während sie andrerseits nicht imstande war, die Sicherheit der Rohrleitungen zu verbürgen. Infolgedessen soll sie nun für eine Summe haftbar gemacht werden, die für persische Begriffe unangenehm hoch ist und die alle Abgaben aus dem Betriebe der Anglo Persian Oil Company an die persische Staatskasse auf Jahre hinaus aufzehren muß.

Indessen erweckt die Höhe dieser Summe das Bedenken, ob England klug täte, auf ihrer Zahlung zu bestehen. Daß an Barzahlung nicht zu denken ist, bedarf keines Wortes. Stellt man der persischen Regierung jedoch in Aussicht, die Summe durch Einbehaltung der 16% zu tilgen, die von der Anglo Persian an Persien zu zahlen ist, so verliert die Ausbeutung der Ölfelder durch England für die persische Regierung mindestens auf eine gewisse Zeit jedes Interesse. Ähnlich wird England für die Stellung der örtlichen Machthaber im Ölgebiete zu rechnen haben. Daher wohl auch der Hinweis, daß man die „eigentlich Schuldigen" (Deutschland und die Türkei) haftbar machen wolle. Hat doch die türkische Regierung zum Ärger Englands auf dem Vorstoß 1915 Öl und anderes Eigentum der Anglo Persian im Werte von 51 000 £ beschlagnahmt.

Auch ließ der Gedanke, es könne ein Bündnis zwischen Persien und der Türkei zustande kommen, die englischen Machthaber nicht ruhig schlafen. Gerade die Schwäche Persiens, von der sich England und Rußland seit langem so viel versprachen, könnte dafür gefährlich werden. Sie ermöglichte den Aufständischen, die in verschiedenen Teilen des Landes das Haupt erhoben, den entgegenwirkenden Einfluß der Regierung mit leichter Mühe beiseite zu schieben. Als Haupt der Partei, die auf ein solches Bündnis hinarbeitet, gilt den Engländern der persische General Nizama es Sultanieh, der seine militärische Ausbildung in Berlin erhielt, gute persönliche Beziehungen zum Deutschen Reiche und zu Österreich-Ungarn unterhält und den Ehrgeiz haben soll, der persische Enwer-Pascha zu werden. —

Selbst nach dem Mißlingen des türkischen Vorstoßes nach Ahwas konnte die Gefahr eines Aufstandes in Persien nicht als beseitigt gelten. Vielmehr nahmen Anhänger der dortigen Revolutionspartei auch nach dem erfolgreichen Vordringen des englischen Heeres auf Baghdâd zu an den Kämpfen um Kût-el-Amâra teil. Sie unterstützten die Türken nicht nur mit Lebensmitteln, sondern auch durch eine Hilfstruppe von etwa 6000 Freiwilligen, von denen die Mehrzahl beritten war. Als nun gar General Townshend sich in Kût-el-Amâra ergeben mußte, wuchsen die Hoffnungen der Aufständischen, so daß beispielsweise der „Corriere d'Italia" vom 8. Mai 1916 bedauernd meldete: es sei anzunehmen, daß sich nunmehr den deutsch-türkischen Truppen bei Baghdâd noch weitere 10000 Freiwillige anschließen würden, die zumeist halbwilden persischen und turkotatarischen Stämmen angehörten, deren Hilfe aber auf einem asiatischen Kriegsschauplatze nicht zu verachten sei.

Die persische Regierung freilich blieb „loyal". Auf der Jahresversammlung der Anglo Persian Oil Company am 8. Januar 1917 rühmte der Vorsitzende: die Beziehungen der Gesellschaft zur persischen Regierung seien dauernd die herzlichsten, und die deutschen Intrigen, die in Persien Unruhen hervorzurufen oder das Land von der Neutralität abzubringen suchten, schienen keine Aussicht auf Erfolg zu haben.

Noch zuversichtlicher lauteten die Äußerungen britischer Staatsmänner im Februar 1917. War England auch durch die Kriegsereignisse, die seine Kraft so gänzlich in Anspruch nehmen, daß es auf persischem Boden zu bedeutenden Anstrengungen nicht fähig ist, in eine vorsichtige Defensive gedrängt, da sich weder die Regierung noch die Bevölkerung in Persien innerlich für England gewinnen ließ, so arbeitete die britische Diplomatie doch mit Geschick, ihren Einfluß in Persien zu stärken. Am 21. Februar 1917 konnte, wie Reuter meldete, Lord Curzon im Oberhause mitteilen, daß britische Kräfte unter dem Befehl Sir Percy Sykes nach Ispahan und Teheran vorgedrungen seien, wodurch in dem ganzen weiten Gebiet Ordnung geschaffen sei. In Teheran habe man das Dasein einer den Verbündeten freundlich gesinnten Regierung gesichert, und diese sei von Rußland und Großbritannien finanziell beständig unterstützt worden. Man beabsichtige, durch Sir Percy Sykes eine südpersische militärische Gendarmerie mit britischen Offizieren, die in Indien ausgebildet würden, aufzustellen und sie schließlich auf 11 000 Mann zu bringen. Schon verfüge Sykes über etwa 5000 Mann und eine militärische Bedeckung von ungefähr 800 Soldaten. Eine ähnliche Gendarmerie werde gegenwärtig aus Mitgliedern der Bakhtiarenstämme rekrutiert. Von Schiraz aus, wo Sykes gegenwärtig stehe, werde er hoffentlich alsbald weitermarschieren und die Brigantenlager und Räubernester säubern können, die sich in diesem Teile Persiens befänden. Ähnliche Erfolge habe im Osten eine Streitmacht unter Major Keith gehabt.

Die Furcht Englands, der Emir von Afghanistan könnte ihm in den Rücken fallen, klang aus den Worten Curzons deutlich hervor. In der Tat ist die Lage in Persien gleichzeitig der Schlüssel zu der Haltung Afghanistans.

7. Bedeutung der persischen Ölfelder.

Man versteht es nach alledem, daß England gerade hier keine Anstrengung scheut, um Herr der Lage zu bleiben. Von dem Siege der englandfreundlichen Partei in Mekka und dem Vordringen des englischen Heeres unter General Maude in Mesopotamien verspricht man sich außerordentlich viel — zumal da es noch immer Teile von Persien gibt, die von türkischen Truppen besetzt sind. Auch im Hinterlande des Persischen Golfs ist es den Briten noch nicht recht geheuer. Es klang einigermaßen unsicher, wenn Curzon seine Rede mit dem Hinweise schloß, daß die Sicherheit in den persischen Ölfeldern „so gut wie gewährleistet" sei, und daß er seit vielen Monaten nichts mehr von einer Unterbrechung der Verbindungen in dieser Gegend gehört habe; das Schlimmste sei wohl vorüber, und die große Kette ehrgeiziger Pläne, die sich über Europa bis Asien erstrecke, sei nun zum Teil zur Seite geschleudert, ja vielleicht zerrissen.

Der neue englische Vormarsch auf Baghdâd, der in den letzten Februartagen 1917 zur abermaligen Besetzung Kût-el-Amâras durch die Engländer führte, sollte allen diesen Plänen das nötige Rückgrat verleihen. Je schlechter England auf den übrigen Kriegsschauplätzen abschneidet, je mehr Einbuße sein Ansehen im Orient durch Gallipoli sowie durch die Kapitulation von Kût-el-Amâra erlitt, desto mehr mußte es darauf bedacht sein, hier den Verlust auszugleichen und sich zugleich für seine persischen Ölfelder den Rücken zu decken — ganz zu schweigen von den Plänen zur Eroberung des als Baumwoll- und Getreidegebiet hocherwünschten Zweistromlandes. Hier ist der einzige Kriegsschauplatz, auf dem England etwas zu gewinnen hoffen kann. Auf den flandrischen Schlachtfeldern hat es diese Hoffnung aufgegeben, in Saloniki wäre es froh, auch nur mit heiler Haut davonzukommen, und höchstens in Ostafrika wäre noch an einen britischen Erfolg zu denken. Viel nötiger aber als hier ist er den Engländern auf türkischem Gebiet. Man fragt sich heute im britischen Reich, ob es nicht eine vollendete Unklugheit war, die schlummernden Kräfte der Türken aufzustören und sie zu einem hartnäckigen Kampfe zu zwingen, der gerade die besten Eigenschaften dieser Nation zu voller Geltung bringt. Obwohl es gelang, an einzelnen Stellen Zwietracht zu säen und durch reichliche Bestechungssummen und noch reichlichere Versprechungen den einen oder andern Araberstamm zu gewinnen, so ist sich selbst der dünkelhafteste Brite heute bewußt, daß weder die Araberstämme noch die übrigen Nationen des türkischen Reiches in England den Sieger sehen. Mit Händen und Füßen klammert sich dieses an die Hoffnung, am ersten noch im Zweistromlande zu größeren Erfolgen schreiten zu können. Hier liegt für England die Linie des geringsten Widerstandes, trotz der tapferen Gegenwehr der Türken, die unter der Ungunst der Beförderungs- und Brennstoffverhältnisse schwer leiden. Politisch und militärisch gab es für Großbritannien eine Möglichkeit, auf einem Landkriegsschauplatz Wesentliches zu erreichen, nur noch hier.

Zu alledem gesellte sich noch die Furcht, in den persischen Ölfeldern unmittelbar bedroht oder doch diesen Besitz, der einstweilen noch auf fremdem Boden liegt, für die Zukunft unsicher gemacht zu sehen. Kein Zweifel aber ist heute mehr möglich, daß den persischen Ölfeldern außerordentlicher Wert und bedeutende Zukunftsaussichten gebühren. Der Reichtum und die gewaltige Ausdehnung der Erdölvorkommen im Bereiche des Persischen Golfs sind heute mit Sicherheit erwiesen. Gelingt es England, den maßgebenden Einfluß in der Ausbeutung der persischen Ölfelder in der Hand zu behalten, so ist damit nicht nur die Versorgung der britischen Flotte mit dem besten und betriebstechnisch, mithin also für die kriegerische Leistungsfähigkeit geeignetsten Brennstoff dauernd gesichert, sondern zugleich dem ganzen britischen Reich ein Besitz von ungeheurem Wert erworben. Als die Kohlenkraft langsam an die Stelle der Holzfeuerung trat, gewann das Eigentum an Kohlenfeldern für Wirtschaft und Staat außerordentliche Bedeutung. Erst um die Mitte des 19. Jahrhunderts trat dies mit greifbarer Deutlichkeit zutage — und schon der Weltkrieg unserer Tage lehrt uns, daß die Kohle nicht mehr der wichtigste Brennstoff ist. Technisch und wirtschaftlich ist ihr das Öl überlegen, das in geringeren Gewichtsmengen größere Kraftmengen bringt, das sich, mangelt es nicht an den nötigen Vorrichtungen, leichter verladen und umschlagen läßt, das stets eine betriebsfertige Feuerung ermöglicht und sich zudem noch für Zwecke eignet, für die man Kohle nicht verwenden kann. Was sollten unsere Unterseeboote beginnen, wenn sie kein Öl mehr hätten! Wie kann ein Kriegsschiff, das mit Kohle geheizt wird, hoffen, es trotz seiner gewaltigen Rauchfahne mit einem ölfeuernden Gegner aufzunehmen, der seine Anwesenheit nicht meilenweit auf dem Himmel abzeichnet? Von welcher Seite man den Kampf zwischen Öl und Kohle auch betrachten mag — das Öl wird auf der ganzen Linie Sieger bleiben.

Obwohl diese Überzeugung in den Jahren vor dem Kriege noch nicht überall durchgedrungen war, hatte doch bereits ein Wettlauf um die Ölfelder begonnen, der sich nun, nach den Erfahrungen dieses Krieges, schon aus militärischen Gründen noch verstärken wird und der zugleich infolge der raschen Fortschritte der Ölfeuerungstechnik auch auf mannigfachen Friedens-Wirtschaftsgebieten zu dem gleichen Verlangen führen wird. Was an Feuerungsölen durch Verkokung gewonnen werden kann, ist nicht so erheblich, daß es in diesem Wettlauf der Völker um die Ölgewinnung wesentlich in Betracht käme. Im ganzen wird man einstweilen noch auf den Erdöl-Abbau angewiesen sein. Im Jahre

1900 stellte dieser sich in allen Staaten der Erde auf insgesamt etwa 20 Millionen metrischer Tonnen, 1910 bereits auf 43 Millionen, 1912 auf mehr als 46 Millionen Tonnen. Überall versucht man die Erdölgewinnung schnell vorwärts zu treiben. Einzelnen Ländern gelang dies in besonderem Maße. Ich weise namentlich auf die Vereinigten Staaten und auf Mexiko hin. Die Ziffern betrugen für die Jahre 1909 und 1912:

Erdöl (Rohöl)-Gewinnung.

Länder	in 1000 metrischen Tonnen		in Prozenten der Welterzeugung	
	1909	1912	1909	1912
Vereinigte Staaten	24 179	29 108	60,17	62,24
Rußland	9 284	9 318	23,10	19,93
Niederländisch-Indien	1 475	1 478	3,67	3,16
Rumänien	1 297	1 807	3,23	3,86
Österreich-Ungarn (Galizien)	2 086	1 187	5,19	2,54
Mexiko	329	2 208	0,82	4,72
Britisch-Indien	881	990	2,19	2,12
Japan	266	223	0,66	0,47
Peru	175	233	0,44	0,50
Deutschland	143	135	0,36	0,29
Kanada	56	33	0,14	0,07
Italien	8	12	0,02	0,03
andere Länder	3	33	0,01	0,07
Insgesamt	40 182	46 765	100,00	100,00

Persien wurde in der internationalen Statistik der Erdölgewinnung bisher überhaupt nicht gezählt. In Zukunft kann es nicht unbeachtet bleiben, da es seinen Platz sogleich hinter Britisch-Indien einnimmt, also noch vor Japan, Peru, Deutschland, Kanada und Italien. Von besonderer Bedeutung ist es, daß sich das persische Rohöl (ähnlich wie das Öl von Baku) zur Herstellung von Heizöl trefflich eignet. Auch die geographische Lage ist für die Wettbewerbsfähigkeit der persischen Ölfelder ungemein günstig.

Vorweg sei bemerkt, daß die Petroleumeinfuhr Persiens, obwohl es selbst so reiche Quellen besitzt, noch 1912/13 die Ausfuhr von Erdöl und seinen Erzeugnissen gewaltig übertraf. Hatte doch

die Einfuhr einen Wert von 10 585 467 Kran [1]),
die Ausfuhr einen Wert von 455 909 Kran.

[1]) Der mittlere Wert des Kran beträgt 0,45 Franken.

Nachdem die Anglo Persian Oil Company ihre Anlagen voll in Betrieb genommen hatte, steigerte sich die Ausfuhrziffer mit einem Schlage: es wurden 1913/14 aus ʿAbbadân ausgeführt 193 381 Tonnen im Werte von 17 764 627 Kran. Nur im Norden des Landes wurde noch russisches Petroleum eingeführt, offenbar weil die Überlandbeförderung aus dem Süden nach Norden sich teurer stellte, falls sie nicht ganz unmöglich war. Ja, der russische Einfluß im Petroleumhandel erstreckte sich, weil es eben an Petroleum fast im ganzen Lande fehlte, bis über die neutrale Zone in die englische hinein. Mit Baku wird auch die Anglo Persian auf den Märkten Persiens nur schwer in Wettbewerb treten können, solange im Innern die schwierigen Verkehrsverhältnisse anhalten.

8. Stellung der persischen Ölfelder in der Weltwirtschaft.

Andrerseits ist die geographische Lage der südpersischen Ölfelder für ihre weltwirtschaftliche Ausbeutung denkbar günstig.

Fassen wir die Ölfelder im südlichen Persien und in Mesopotamien, die auch geologisch offensichtlich nicht trennbar sind, als persisch-mesopotamisches Ölgebiet zusammen, so lehrt ein Blick auf die Länder, die sich an der Gewinnung von Erdöl beteiligen, daß dem persisch-mesopotamischen Gebiete in jener Weltgegend beinahe eine Monopolstellung beschieden ist. Mit Ausnahme Britisch-Indiens, dessen Erdölgewinnung einstweilen noch nicht sehr bedeutend ist, kommt für die westlichen Randländer des Indischen Meeres kein anderes Ölgebiet in Betracht. Erst weiter nach Osten wird dies anders: dort tritt Niederländisch-Indien auf den Plan, während noch weiter östlich auch die Erdölvorkommen der Randländer des Stillen Meeres in den Wettbewerb eintreten.

Freilich kommt es nicht so sehr auf die geographische Entfernung als auf die Billigkeit der Beförderung an. Indessen liegt so wenig ein Grund zu der Annahme vor, daß die Abbeförderung aus dem persisch-mesopotamischen Gebiete sich teurer stellen sollte denn für die aus den östlicheren Teilen Asiens oder von andern Stellen der Erdoberfläche, daß im Gegenteil infolge der großen Nähe des Suezkanals damit zu rechnen ist, daß dem persisch-mesopotamischen Öl der Wettbewerb sogar auf dem südeuropäischen Markte möglich wäre.

Weiter im Norden allerdings, in dem Quellgebiet des Karûn, ist die Unwegsamkeit groß. Die Durchbruchstäler des Puscht-i-Kûh gelten für eine der wildesten Gebirgslandschaften Luristans[1]) und als für den menschlichen Verkehr beinahe unüberwindbar. Durch den wildesten Teil des berühmten Zagrosgebirges führt nur ein einziger Bergpfad von Dizful nach Burudjerd, den nur Fußgänger betreten können, während nicht einmal ein Reiter hindurch kann: nur die dort einheimischen Stämme der Bachtiaren pflegen ihn auf ihren jährlichen Wanderzügen einzuschlagen[2]). Hier würde das südpersische Öl vor allem mit russischem und rumänischem den Kampf aufzunehmen haben, soweit nicht auch amerikanisches auf den Plan tritt; maßgebend ist dafür vor allem die Preispolitik der Standard Oil Company.

Die nördlich gelegenen Felder kommen mithin einstweilen noch kaum in Betracht. Ursprünglich schürfte man auch dort, beispielsweise in Qaṣr-i-Schirîn, sah indessen von dem Erbohren betriebsfähiger Löcher ab, weil die Rohrleitung von Ahwâz und von Maidan-i-Naphtun bereits so viel Rohöl ergab, daß man es gar nicht bergen konnte. Sollte die Ergiebigkeit der dortigen Ölquellen einmal nachlassen, was augenscheinlich erst in ferner Zukunft liegt, oder sollte die Ölverschiffung von 'Abbadân aus wesentlich steigen, so hat man es noch immer in der Hand, durch eine Rohrleitung auch die nördlicheren Felder anzuschließen[3]).

[1]) Anschauliches über dieselben gibt Grothe in den Kapiteln des Abschnittes „In den Alpen Luristâns" seines Buches „Wanderungen in Persien" (Berlin 1910) und auf den Bildern 151—176 seines Tafelwerkes „Geogr. Charakterbilder aus der asiatischen Türkei und dem südlichen mesopotamisch-iranischen Randgebirge (Puscht-i-kûh)" (Leipzig 1909).

[2]) Frech, Die Erdölvorkommen an der türkisch-persischen Grenze. Zeitschrift „Petrolium" vom 16. Februar 1916, S. 474. Weiterhin vgl. seine Studie (mit Karte) in Bd. I dieser Veröffentlichung.

[3]) Über die verschiedenen Bezirke, in die das südwestliche Ölgebiet in Persien zerfällt, siehe Schäfer S. 32—34.

9. Die Ölfelder des Zweistromlandes.

Für die Ölfelder des Zweistromlandes ist dagegen möglicherweise nicht einmal eine Rohrleitung erforderlich. Denn hier plant die Baghdâdbahn schon seit Jahren, sobald ihre Hauptstrecke vollendet ist, einige in das Ölgebiet führende Nebenstrecken vorzuschieben und alsdann Öltriebwagen einzuführen. Auch die Handelsschiffahrt auf dem Tigris, soweit sich eine solche entwickelt, dürfte bei der großen Nähe der Ölfelder bald zur Ölfeuerung übergehen.

Diese mesopotamischen Ölfelder, die geologisch zur gleichen Formation wie die persischen am Karûn gehören, liegen in den Provinzen (Wilajets) Baghdâd und Môṣul. Nördlich von Baghdâd kommt Erdöl in reichen Mengen bei Kerkûk, Kifri und Qaṣr-i-Schirîn vor. Bei letzterem Orte gehen sie unmittelbar in die persischen Ölfelder über. Die Baghdâdbahn hat im Sinn, zunächst für ihre persischen Zweiglinien Öl als Feuerung zu benutzen und hier dem Boden zu entnehmen.

Die verkehrspolitische Bedeutung des Erdöls in diesem ganzen persisch-mesopotamischen Gebiete tritt durch diese vierfache Verwendungsmöglichkeit klar hervor: für die Baghdâdbahn, für die Flußschiffahrt, für Ozeanmotorschiffe und für die Ausfuhr. Dabei will ich auf die Binnenschiffahrt nur kurz hinweisen, weil sie vermutlich hinter den drei andern großen Verwertungsarten zurücktreten wird. Ähnlich wie für den Tigris gilt dies für den Karûn. Es genüge, darauf hinzuweisen, daß während des Krieges auf dem Tigris die modernsten (Motor-) Schiffe neben den ältesten Schiffsformen verwendet wurden. Ein Berichterstatter der „Daily Mail" schrieb Anfang 1916 seinem Blatte [1]):

„Die Transportflotte, die zumeist aus Raddampfern von 400—500 Tons und einem Tiefgang von $1^1/_2$—2 m besteht, hält gleichen Schritt mit der am Ufer marschierenden Armee. Jede Brigade hat ihr eigenes Mutterschiff, von dem sie ihre Lebensmittel bezieht. Dieses Mutterschiff wird seinerseits wieder von den „Mahaïlas", den Fahrzeugen der Eingeborenen, versorgt. Diese der Küstenschiffahrt dienende Lokalflotte entrollt uns ein

---

1) Nach der „Neuen Hamburger Zeitung" vom 23. März 1916.

überaus malerisches Bild mit ihren hohen, schiefgestellten und vorwärts geneigten Masten, den ausgedehnten Ruderbänken, dem lateinischen Segel und dem scharf abgeschnittenen spitzen Bug. Die Boote sind wie die chinesischen Dschunken bemalt, aber mit arabischen Schnörkeln und Schriftzeichen, dem Stern und Halbmond und allerlei Figuren, die wie die Zeichen des Himmelskreises aussehen und zumeist in weißer Farbe dem grünen, roten oder gelben Grunde aufgepinselt sind. Jedes Boot trägt einen großen, aus Ton gebauten Ofen, der aussieht wie ein riesig getürmter Ameisenhaufen. Das Hinterteil des Schiffes ist mit Brettern verschalt und dient als Aufenthalt für die Mannschaft. Der „Mahaïla" hat eine Tragfähigkeit von 15—70 Tons und kann dementsprechende Lasten befördern. Er kann seine 16 km am Tage zurücklegen, wenn er gegen die Strömung kämpft, und bis 9 km in der Stunde, wenn er günstigen Wind hat. Der größte Teil dieser unter den dortigen Verhältnissen geradezu unschätzbaren Transportflotte steht zu unserer Verfügung, und nur ein wenig bemerkenswerter Teil der Schiffe gehört zum Bereich der türkischen Zone nördlich von Kût-el-Amâra. Der arabische Name für das lange schmale, wie ein Kanu geschnittene Boot der Gegend, die Gondel von Baṣra, ist das „Bellum". Es wird durch Staken oder durch Ruder bewegt, je nach der Tiefe des Wasserstandes. Mit Eisenplatten ausgerüstet, dienen diese Boote dazu, die Infanterie zu den Stellungen heranzubefördern. Wenn die arabischen Bootsführer desertieren, so sind unsere Sepoys gezwungen, mit Rudern und Staken das Boot weiterzubringen. Ein merkwürdiges und zweifellos das universellste aller Verkehrsmittel auf dem Tigris ist aber unbedingt jenes seltsame Fahrzeug, das man als eine Kreuzung zwischen Boot und Flugzeug bezeichnen kann. Es ist mit einem Luftpropeller und mit einem 50 Pferdekraft starken Dieselmotor ausgerüstet und macht mehr Lärm als ein kleines Schlachtschiff. Dieses Wunderwerk improvisierender Schiffstechnik dient heute als Hospitalfähre. Es ist stündlich unterwegs, um den Verkehr zwischen dem Feldlazarett am Ufer und dem Lagerlazarett aufrechtzuerhalten. Ein anderes, dem Tigris eigentümliches Boot ist die wie ein Kessel gestaltete Guffa von Baghdâd. Sie stellt vermutlich den ältesten

Schiffstyp der Welt dar. Die Dinger geben sich als rohrgeflochtene große Körbe zu erkennen, mit aufrecht stehenden Holzsparren, die mit Teer und Pech gedichtet sind. Schon Herodot spricht von ihnen und bezeichnet sie als „wie Schilde klingende" Fahrzeuge, die mit Waren beladen von Ninive nach Babylon stromabwärts zogen. Jede Guffa wird von einem Esel geschleppt."

* * *

Nur eine Schwierigkeit steht — in Friedenszeiten — der Ausbeutung der mesopotamischen Erdölfelder im Wege: die Beförderung. Das mesopotamische Erdöl auf dem Tigris an das Meer zu schaffen, haben Sachverständige widerraten. Sollte man sich daher zur Anlegung einer Rohrleitung entschließen, so müßte diese freilich im Zweistromlande zum großen Teil durch Marschen gelegt werden, die den Bau erheblich erschweren würden. Immerhin läßt sich auch dieses Hindernis überwinden. Wenn, wie zu erwarten, die mesopotamischen Felder annähernd ebenso ertragreich sind wie die persischen, so würde der überreiche Ertrag — in der Geschichte der Petroleumgewinnung steht ein so gewaltiger Auftrieb ohnegleichen da — auch den Bau einer längeren und teureren Rohrleitung lohnend machen.

Zunächst hat es die Baghdâdbahn auf das Ölfeld in Gajâra abgesehen, das in seiner ganzen Länge durchschnitten und binnen kurzem in der Nähe von Mendeli in Betrieb genommen werden soll. Dann ist der Bau von Seitenlinien nach Tuz Churmati [1]) und Chaniqîn-Qaṣr-i-Schirîn geplant, um die dortigen Ölfelder anzuschneiden. Wäre die Baghdâdbahn auf Kohle als Betriebskraft angewiesen, so würde sie wirtschaftlich einen weit schwierigeren Stand haben. Erst das Vorhandensein der Ölfelder macht es ihr möglich, an Stelle der in jenen Gebieten viel zu teuren Kohle einen Brennstoff zu benutzen, dessen Kosten erschwinglich sind.

Geschichte der Erdölgewinnung in Persien und dem Zweistromlande.

Die Erdölquellen im Zweistromlande und im südwestlichen Persien sind wohl die ältesten, die der Menschheit bekannt

[1]) Tuz türkisch = Salz.

und von ihr benutzt wurden. Seit Jahrtausenden wird hier Petroleum geschöpft und zu Beleuchtungszwecken oder zum Kochen verwendet. Auch die Nutzbarmachung des Erdöls für die Kriegstechnik nahm wahrscheinlich hier ihren Ursprung.

Ferner ist es wohl kein Zufall, daß die **Feueranbetung** von diesem Gebiete ausging. Im Norden wie im Süden des vom Kaukasus bis an den Persischen Golf sich erstreckenden Erdölgebietes scheint die Feueranbetung heimisch gewesen zu sein. An einigen Stellen hat sie sich bis in die jüngste Zeit erhalten. Bei Sabuntschy (Baku) steht noch heute ein alter Tempel der Feueranbeter, in welchem seit unvordenklichen Zeiten das heilige Feuer von Priestern gehütet ward. Man nährte es durch das den Spalten des Bodens entquellende natürliche Erdgas. Erst in den letzten Jahren des 19. Jahrhunderts starben die letzten Mönche, und das heilige Feuer erlosch. Die Erdgase aber, die im Innern des Tempels dem Boden entströmten, wurden in Rohrleitungen gefaßt und dienen nun der unmittelbar neben dem Tempel der Feueranbeter errichteten Kokorewschen Fabrik zur Naphthadestillation.

Die Vermutung liegt ungemein nahe, daß die religiöse Anbetung des reinen Feuers auf **brennende Gasquellen** zurückzuführen ist. Als die Juden gezwungen wurden, nach Persien überzusiedeln, fanden sie dort Gruben, in denen die Priester ihr heiliges Feuer verborgen hielten. Es sammelte sich in diesen Vertiefungen Erdöl, und die Orte, wo das Feuer gehütet ward, galten für heilig. Man nannte sie Vergebungs- oder Versöhnungsorte (nephtar oder nephtoj). Der Name Naphtha ist davon abgeleitet.

Den Völkern des Altertums, die in der Technik nach heutigen Begriffen weit zurückstanden, war das Feuer etwas beinahe ebenso Wunderbares wie den Naturvölkern, die mit ehrfürchtigem Staunen davor stehen. Wer die Kunst der Feuerbereitung kannte oder vervollkommnete, galt jenen Völkern als Halbgott. Prometheus, der das Feuer vom Himmel brachte, wurde dafür von den Göttern verfolgt und gequält. Vermutlich deutet die Sage von den Engeln, die Adam und Eva mit flammendem Schwert aus dem Paradiese vertrieben, auf brennende Erdgas- oder Erdölquellen hin. Welche religiöse Bedeutung dem Feuer nun gar in der Zarathustra-Verehrung beigemessen wurde, braucht nur angedeutet zu werden.

Erdöl, Erdgas, Erdpech begegnen uns in den verschiedensten Dichtungen und religiösen Überlieferungen der ursprünglichen Völker in Persien und dem Zweistromlande. Das Izdubar-Epos erwähnt das Vorkommen von Erdöl in Mesopotamien. Ebenso spricht die jüdische Sintflutsage davon. Als Noah beschloß, in seiner Arche aufs Wasser zu gehen, verpichte er ihre Fugen mit Asphalt, dessen Ursprung ähnlich wie der der gesamten Überlieferung auf den Euphrat oder Tigris als Entstehungsgebiet hinweist.

Verdicktes Erdöl (Erdpech oder Asphalt), das aus Quellen in der Nähe des Euphrat geschöpft wurde, diente den Babyloniern als Mörtel für ihre Bauten. Ferner verwendete man den Erdteer auch zur Einbalsamierung von Mumien. Dies geschah namentlich im alten Ägypten, wo man Erdöl oder daraus gewonnenen Asphalt benutzte. Eine weitere Verwendungsart des Erdöls war die Herstellung schwarzgebrannter und schwarzgefärbter Tongefäße. Sowohl bei dem Bau von Babylon wie bei dem von Ninive verwendete man einen Asphaltmörtel, dessen Grundstoff durch Verdunstung von Erdöl aus den Quellen an einem Nebenflüßchen des Euphrat, dem Is, gewonnen ward. Noch heute fließen diese Quellen, die, wie auch die brennenden Erdölquellen und Flammen, die Strabo in der Nähe des heutigen Kerkûk sah und bei denen er ein Heiligtum der Anaitis erwähnt, wohl Jahrtausende lang gebrannt haben. Ebenso wie das unausgesetzte Hervorzüngeln von Flammen auch bei trockenstem Wetter dort schon vor 2000 Jahren erwähnt wird, verwendete man bereits damals das daraus geschöpfte Erdöl als Leuchtmittel.

Herodot erwähnt ein Landgut des Königs Dareios namens Arderikka, 210 Stadien von Susa und 40 „von dem Brunnen entfernt, da dreierlei Dinge herauskommen. Nämlich Harz und Salz und Öl schöpfen sie aus demselben. Sie ziehen es heraus mit einem Brunnenschwengel, aber statt des Eimers ist ein halber Schlauch daran gebunden. Den läßt man herunter und dann zieht man es in die Höhe und dann gießt man es in einen Behälter; hier läuft es wieder heraus, und dann geht es auf dreierlei Art: nämlich das Harz und das Salz gerinnt alsbald, das Öl aber sammeln sie in Gelten, und die Perser nennen es Radinake, das ist schwarz und hat einen strengen Geruch" [1]).

Apollonius nennt als Bestandteile des Brunnens nur Asphalt, Öl und Wasser. Der Arderikka-Brunnen lag wohl in der völlig abgelegenen Talebene, in der von Dizful ein Weg nach Norden führt; sie nennt sich Kirâb. In ihr sind Spuren einer altertümlichen Pflasterstraße, die aus der Ebene von Susa emporsteigt, ferner die Trümmerhaufen einer alten Stadt, neben denen die Erdölquelle liegt, aus der noch heute wie zu Herodots Zeiten Erdöl geschöpft wird. Der Boden ist mit Bitumen gesättigt, die Wasser sind ungesund.

Es ist mehr als Zufall, daß *die Hauptstädte des Arsakiden- und des Sassanidenreiches* sich gerade in dem Erdölgebiet befanden. Ebensowenig kann es Zufall sein, daß bei den Erdöl- und Erdgasquellen religiöse Anbetungsstätten verschiedener Bekenntnisse lagen: so das Heiligtum der Anaitis und, viele Jahrhunderte später, eine Moschee des vierten Chalifen 'Alî. In diesem Heiligtum soll an jedem Freitag eine Lampe von selbst aufleuchten. Der brennende See, den Plutarch in der Nähe von Ekbatana beschreibt, mag der Anlaß zum Bau der Hauptstadt gerade in der Nähe dieser rätselhaften, vom Himmel gesandten Erscheinung gewesen sein. Jedenfalls sind die Namen der berühmtesten Erdölfundstellen im Morgenlande mit den ältesten Überlieferungen der menschlichen Kulturgeschichte verknüpft. Hier reichen sich Altertum und Gegenwart die Hände.

Sicherlich hat man auch in jenen ältesten Zeiten den Besitz der Erdölquellen als besonders wertvoll und als eine Gnade des Himmels bet[illegible]et. *Eines der ältesten Staatsmonopole* scheint damit v[illegible] allem in Indien verknüpft gewesen zu sein, wo man das „*Indische Feuer*". mit geheimnisvollen Vorschriften umgab, damit kein Unberufener die Herstellung dieses Kriegsmittels, das kein Wasser zu löschen vermochte, erfuhr. In der „Sakuntala" ist davon die Rede. Die Inder behaupteten, das

[1]) Herodot Buch 6, Kap. 119.

Indische Feuer werde von einem Riesenwurm gewonnen, der im heiligen Fluß Indus läge.

Ähnlich suchten andere Staaten die Herstellung von Kriegsmitteln, zu denen Erdöl erforderlich war, geheim zu halten. Das auffallendste Beispiel ist das „Griechische Feuer", das von den byzantinischen Kaisern so erfolgreich als Staatsgeheimnis bewahrt wurde, daß ihre Überlegenheit im Seekriege Jahrhunderte lang kaum anzufechten war. Sie nahm erst ein Ende, als es den Sarazenen gelang, durch Verrat in den Besitz des streng Gehüteten zu gelangen.

Im allgemeinen verwendete man das Petroleum dagegen wohl nur als Leuchtmittel oder zum Kochen. So erwähnen Dioskorides und Plinius das Petroleum von Agrigent, das unter dem Namen „Sizilianisches Öl" in Lampen gebrannt wurde. Von der Insel Zante aus wurde ein Teil Griechenlands damit versorgt.

Am wenigsten scheint man gewußt zu haben, wie man das Erdöl verwenden könne, wo es sich in verdickter Form fand. Zu den großartigsten Fundstätten dieses Erdpechs gehörten von jeher Mesopotamien und Syrien. An einigen Stellen wurde es in ganzen Seen gefunden, wie etwa im Toten Meer, das von den Römern Asphaltsee (Lacus asphalticus) genannt wurde; nur der Pitch Lake auf Trinidad, der vollständig aus Bergteer besteht, kommt ihm gleich.

Auch die Erdölquellen bei Rangun am Irawadi sollen schon im Altertum tätig gewesen sein. Es ist anzunehmen, daß die Inder sie benutzten, deren Könige, wie Ctesias ausführlich erzählt, bei Belagerungen ein Öl verwendeten, das alle Sturmböcke und Belagerungsmaschinen entbehrlich machte: man füllte es in irdene Gefäße, die gegen die Tore der belagerten Stadt geschleudert wurden, so daß sie zerbrachen und der Inhalt an den Torflügeln herabfloß: das damit entfachte Feuer habe Soldaten in ihrer Rüstung verbrannt und sei nicht anders zu löschen gewesen als dadurch, daß man vieles Kehricht darauf schüttete. — Von hier aus mag solche Kenntnis nach Westen gedrungen sein. Der römische Geschichtschreiber Ammianus Marcellinus, der 363 n. Chr. den persischen Krieg unter Julian mitmachte, berichtete:

die Perser hätten gewöhnliches Öl zunächst abgekocht, dann mit Erdöl vermischt und damit Brandpfeile getränkt, die von einem Bogen mit geringer Geschwindigkeit abgeschossen wurden, weil zu schneller Flug das Feuer gelöscht hätte. Wo ein solcher Pfeil stecken bleibe, brenne er weiter, und wenn man mit Wasser löschen wolle, so werde der Brand nur noch heftiger; nur mit Erde könne man des Feuers Herr werden.

Aber schon früher wurde das Erdöl vom Orient aus auch in der europäischen Kriegführung bekannt. Bereits Thukydides[1]) und nach ihm Livius und mancher andere Geschichtschreiber beschrieb die Anwendung von Brandmitteln, für die man Erdöl und Erdpech benutzte. Wir haben Schilderungen einer Seeschlacht bei Marseille im Altertum, ferner die der Vernichtung einer ägyptischen Flotte durch Cäsar, bei denen man das Erdöl als Mittel der Kriegstechnik verwendete.

Von dem Griechischen Feuer soll hier nur kurz die Rede sein. Aller Wahrscheinlichkeit nach verdankte es seine starke Brennbarkeit den Eigenschaften des Erdpechs und Erdöls, die wohl die Hauptbestandteile bildeten. Das Geheimnis seiner Herstellung galt als Palladium des byzantinischen Reiches. Es soll von einem syrischen Architekten, der 673 aus Heliopolis flüchten mußte, nach Konstantinopel gebracht sein, wo man seine Bedeutung sogleich erkannt zu haben scheint. Auch hier machte man es zum Staatskriegsmonopol. Kaiser Konstantin Porphyrogenetus II. schärfte seinem Sohne Romanus in einer Schrift ein: sollten die Barbaren von ihm das Geheimnis des Griechischen Feuers verlangen, so müßte er antworten, es sei ihm nicht erlaubt, dieses weiterzugeben, weil ein Engel, der es dem Kaiser Konstantin anvertraute, streng verboten habe, es andern Völkern mitzuteilen; auch seien einige Personen, die freventlich versucht hätten, das Geheimnis zu ergründen und die Mischung nachzuahmen, durch

[1]) Thukydides erzählt (Buch 4, Kap. 100), daß im Jahre 424 v. Chr. die Boiotier vor Delion Befestigungswerke, die die Belagerten teilweise aus Holz errichtet hatten, durch eine eigentümliche lötlampenartige Vorrichtung zerstörten: ein auf Rädern fortbewegtes Rohr trug vorn ein Gefäß mit brennenden Kohlen, Schwefel und Pech und stand hinten mit dem Mundstück großer Blasebälge in Verbindung, deren Luftstrom das vorn erzeugte Feuer nach Art einer Stichflamme gegen das Angriffsziel vortrieb.

die Gewalt des Feuers vernichtet worden. Vermutlich war also die Masse, die außer Erdöl und Erdpech auch Schwefel, Salpeter und Kohle enthielt, bei der Mischung explodiert.

Als Kriegsmittel fand das Griechische Feuer 678 in der Seeschlacht bei Kyzikos erfolgreiche Anwendung, später in vielen andern Seegefechten. Bevor im westlichen Europa salpeterhaltige Kriegsmittel bekannt wurden, gab das Griechische Feuer seinem Besitzer eine außerordentliche Überlegenheit. Man schloß es in „Feuertöpfe" ein. Vor den älteren Kriegsfeuern scheint es neue, sehr bedeutende Vorzüge gehabt zu haben.

Konstantin Porphyrogenetus hatte allen Grund, sein Kriegsfeuer als kostbaren Schatz zu bewahren. Verdankte er ihm doch im Jahre 941 die Rettung seiner Hauptstadt, die von den Russen unter Igor belagert wurde. Die Russen fühlten sich ihrer Sache ganz sicher, da sie mehr als 1000 Schiffe zur Belagerung heranführten, während die Byzantiner nur 15 Kriegsschiffe zur Verfügung hatten. Diese aber wurden nicht nur vorn, sondern auch an den Seiten und hinten mit feuerspeienden Geschützen versehen. Besonderen Schrecken verbreitete das Griechische Feuer in diesem Falle wie in zahlreichen andern dadurch, daß es, für den Betroffenen ganz unerklärlich, durch Wasser nicht nur nicht gelöscht, sondern erst recht genährt wurde. In Zeiten, deren Glaube ganz von Zauberei und Wundern durchsetzt war, mochte dies den Eindruck erwecken, daß der Gegner mit dem Teufel im Bunde stand. Jedenfalls mußten die moralischen Wirkungen dieses Kriegsmittels sehr groß sein [1]).

Um das Jahr 1200 muß das Geheimnis des Griechischen Feuers auch andern Völkern bekannt geworden sein. So sollen die Abendländer 1204 bei der Eroberung Konstantinopels in den Besitz dieses Geheimnisses gelangt sein, jedoch aus religiösen Bedenken keinen Gebrauch davon gemacht haben. Auch die Sarazenen kannten es nun. Sie benutzten es, um bei den Belagerungen von Dyrrhachium und von Ptolemais die Belagerungsmaschinen der Kreuzfahrer zu vernichten. 1218 warfen die Sara-

[1]) Siehe über das Griechische Feuer Jähns: Geschichte der Kriegswissenschaften; an verschiedenen Stellen. — S. J. v. Romocki: Geschichte der Explosivstoffe. Hannover, Gebrüder Jänecke, 1895. Bd. 1, S. 5—22.

zenen bei der Belagerung von Damiette eine Feuermasse von der Größe einer Tonne aus der Stadt, die mit lebhaftem Krachen dahinsauste, mit ihrem Feuerschweif das ganze Lager der Christen erleuchtete und mehrere Schiffe in Brand steckte.

Wieweit diese Schilderung der Wirklichkeit entsprach, läßt sich nicht feststellen. Wahrscheinlich vergrößerte abergläubische Furcht die Wirkung der kriegstechnischen Mittel des Feindes. Wir dürfen dies um so mehr annehmen, als die Araber merkwürdigerweise in den nächsten Jahrhunderten ihre kriegstechnische Überlegenheit über andere Völker verloren, vor allem außerstande waren, sich gegen den Ansturm der Türken und Mongolen aus dem Inneren Asiens zu behaupten, obwohl sie sich durch das Erdöl, dessen wichtigste Quellen sie sämtlich in Händen hatten, eine große kriegstechnische Überlegenheit hätten sichern können.

Zur Zeit der Chalifen war Ahwâz eine der wichtigsten Städte Asiens. Indessen beruhte seine Bedeutung nicht sowohl auf der Erdölgewinnung wie auf der Zuckererzeugung. In seiner Umgebung wurde eine Menge Zuckerrohr angebaut und daraus Zucker gewonnen. Ein Staudamm (Bend), der vor den Karûn gelagert wurde, diente zur Bewässerung der Zuckerrohrfelder. Noch ist ein Teil dieses Dammes trefflich erhalten, der sich, an vielen Stellen mehr als 3 m hoch und ebenso breit, etwa 33 m lang hinzieht. Einzelne Quadersteine haben eine Länge von $2^1/_2$—3 m. Auf den gebrannten Backsteinen, aus denen die in langer Reihe hinziehenden Schutthügel der Stadt bestehen, findet sich keine Spur von Erdharz oder von Inschriften. Auf den behauenen Quadersteinen dagegen sind sehr deutliche Skulpturen, sämtlich aus mohammedanischer Zeit, eingemeißelt. Eine Menge von kreisrunden, in der Mitte durchbohrten Mühlsteinen geben zu raten auf. Da sie in der Richtung alter Wasserleitungen gefunden wurden, hielt man sie zunächst für Teile von Wasserleitungen. Wahrscheinlich gehören sie jedoch zu den Zuckerpressen, obgleich deren Zahl dann ungemein groß gewesen sein müßte.

Ahwâz gehörte damals zu den größten Städten der Erde, es soll von ganzen Wäldern von Zuckerrohr umgeben gewesen sein und sehr viele Zuckerfabriken gehabt haben. In Persien wie im ganzen Mittelmeergebiet war kein Zucker so bekannt wie der von Ahwâz. Dagegen ist merkwürdigerweise zur selben Zeit vom Erdöl kaum die Rede.

Später überwog, wie es scheint, die Erdölgewinnung am Euphrat. So erwähnt Niebuhr in seiner Reise nach Arabien (18. Jahrhundert), daß die Hît-Quelle am Euphrat sich durch besondere Fülle auszeichne und viel zum Kalfatern der Schiffe benutzt werde. Das Erdöl werde sehr geschätzt. Die gemeine Sorte sei schwarz und werde zu Lampen verwendet; alle Fackeln in Baghdâd beständen aus aufgerollten Lumpen, die in dieses Erdöl getaucht und dann getrocknet würden.

Es ist anzunehmen, daß die Technik der Erdölgewinnung und Erdölbenutzung, sehen wir von dem Griechischen Feuer ab, seit Jahrtausenden nur geringe Änderungen erfuhr. Mit dem Erdgas nun gar wußte man kaum etwas anzufangen. Schon Strabo erwähnt die Gasquelle nordwestlich von Kerkûk, ohne daß er oder spätere Schriftsteller von einem Versuche sprächen, das Gas zu verwenden. Die Namen, die man der Gasquelle gab, deuten nur darauf hin, daß Araber und Türken sich des Zusammenhanges des Gases mit den Erdölvorkommen und ihrer technischen Nutzbarkeit bewußt waren: die Araber nannten die Quelle Baba Gurgur (Vater des Erdöls), die Türken Korkub Baba (Vater des Kochens).

II. Das persisch-mesopotamische Erdölgebiet.

Die mesopotamischen Ölfelder bilden, wie neuere Untersuchungen wahrscheinlich machen, die Westgrenze eines weit ausgedehnten Ölfeldes, das sich von der Halbinsel Apscheron im Kaspischen Meer entlang den westlichen Grenzgebirgen Persiens bis nach Beludschistan erstreckt. Das persisch-mesopotamische Erdölgebiet bildet innerhalb dieses Gesamtgebietes einen Teil, dessen Lage durch die Gebirgszüge bestimmt ist, die vom Ararat — wo die politischen Grenzen Rußlands, der Türkei und Persiens zusammenstoßen — zum Persischen Golf und zu der Küste des Arabischen Meeres hinabziehen. Sie begrenzen das Hochland von Iran im Westen und Süden, erheben sich teilweise zu bedeutender Höhe und lassen als Gebirgskern älteres Gestein hervortreten, während sich westlich niedrigere Berg- und Hügelketten anschließen, die zu jüngeren Zeiträumen der Erdgeschichte gehören. In diesen jüngeren Ablagerungen liegen die Erdölschichten. Die westlichen Bergzüge ähneln darin den Karpathen, deren Abstieg in die Ebene gleichfalls von reichen Erdöllagern begleitet ist [1]).

Wie die Petroleumschichten in den einzelnen Teilgebieten miteinander zusammenhängen, ist noch nicht festgestellt; die Ansichten der Sachverständigen schwankten eine Zeitlang. Ein Studienausschuß, den die Deutsche Bank 1905 nach Mesopotamien entsandte, erstattete damals einen wenig ermutigenden Bericht, während spätere Gutachten, die vielleicht durch die Erfolge der Engländer in Persien angeregt wurden, dann doch feststellten, daß die Ölfelder im Zweistromlande sowohl an Ausdehnung und Reichhaltigkeit der Quellen wie an Güte des gewonnenen Öls mit den besten und reichsten der in andern Ländern bekannten Petroleumvorkommen in Wettbewerb treten können.

Es handelt sich hauptsächlich um zwei Gebiete: einmal um das von Ahwâz in der persischen Provinz Chusistan, zweitens um das auf beiden Seiten der türkisch-persischen Grenze liegende Gebiet von Qaṣr-i-Schirîn an der Straße von Baghdâd nach Teheran. Hier führt die alte Straße von Babylon nach dem medischen Hochlande mit der Hauptstadt Ekbatana. Mindestens 160 km lang erstreckt sich in dieser Gegend eine Schicht miozäner Mergel und Kalke, in denen zwischen dem türkischen Kerkûk und dem persischen Qaṣr-i-Schirîn allenthalben Erdöl enthalten ist. Wie die Erdölquellen Chusistans mit denjenigen nördlich von Bagdad zusammenhängen, wissen wir nicht. Noch immer sind die vollständigsten Beobachtungen darüber in Karl Ritters „Westasien" zu finden! [1])

Bei Qaṣr-i-Schirîn wird Erdöl nach den Schilderungen de Morgans in zisternenartigen Brunnen von nur 5—8 m Tiefe

[1]) Über die geologischen Grundlagen und die Gestaltung des mesopotamischen Erdölgebietes siehe die sachkundigen Ausführungen von Professor F. Frech: Das Erdöl Mesopotamiens (im 1. Bande des „Wirtschaftslebens der Türkei") S. 53—58. Vgl. auch die dort beigegebene Karte.

gewonnen und in der Umgegend verbraucht. Bei Kerkuk kommt das Erdöl in einigen Quellen sogar frei zutage. Auch an andern Stellen entspringen Erdölquellen aus geringer Tiefe oder liegen an der Oberfläche zutage; sie gehören sämtlich zu der festländischen Tertiärformation: so bei Tekrît am Tigris, bei Naṣrîje und Hît am Euphrat und unweit von Mendeli und Tuz Churmati. Er läßt sich daraus entnehmen, daß nordöstlich von Baghdâd am Tigris ebenso wie am Unterlaufe des Euphrat im Bereich des alten Babylon umfangreiche Erdölgebiete vorhanden sind, die der Erschließung harren. Die Korrespondenz Piper meldete darüber im Jahre 1915: „Die mesopotamischen Ölfelder sind geologisch ein Teil des südpersischen Faltungssystems. Untersuchungen des Öls bei Mendeli haben ergeben, daß es fast die gleiche chemische Zusammensetzung besitzt wie das Öl von Baku. Die Ölfelder, die in Frage kommen, gehören mit Ausnahme des von Tuz Charmati der türkischen Zivilliste und finden sich in dem Wilajet Môṣul (am Tigris) und dem zum Euphrat hinüberreichenden Teile der Provinz Baghdâd. Im Wilajet Môṣul liegen die Öllager von Abjak, Baba Gurgur (nördlich von Kerkûk), Gajâra am Tigris, Guil (südlich von Tschemtschemol), Nimrud, Kifri, Tuz Churmati und Zaru am Flusse Chabûr. Im Wilajet Baghdâd liegen die Vorkommen von Hît, Ramâdi, Nafata und Mendeli. Davon sind wiederum die Felder von Mendeli die reichsten. Über ein Dutzend Quellen ergießen mit großer Gewalt ein Erdöl, das von ausgezeichneter Beschaffenheit ist."

In einer Schlucht der Gipsberge 2 Stunden nordwestlich von Kerkuk sah Olivier am Wege an mehreren Stellen Erdöl aus den Gipsschichten hervorquellen. Er berichtete: man grabe dort Brunnen von 5—12 Fuß Tiefe, um täglich daraus Öl zu schöpfen und zum Verkauf nach Kerkûk zu schaffen. Ein anderer Reisender erzählte, daß er in einer Kette niedriger, mit einem Felsgrat gekrönter Berge 10 Ölquellen fand, die sich trotz der Jahreszeit (im Dezember) schon in großer Entfernung durch den Geruch bemerkbar machten. Näherte man sich, so verursachte der Schwefeldunst Kopfweh. Mehrere dieser in einem Umfang von 400—500 Schritt zusammenliegenden Brunnen hatten 4—5 Fuß im Durchmesser und waren 10—12 Fuß tief. Um zu ihnen hinabzusteigen, waren Stufen in den Fels gehauen. Je nach der Trockenheit oder Feuchtigkeit des Wetters steigt das Erdöl oder fällt. Es ist schwarz gefärbt und wird in Schläuchen nach Kerkûk gebracht. Der jährliche Umsatz dieses Handels wird auf 30—40 000 Piaster angegeben. Abgesetzt wird es nur in den Bazaren von Kurdistan, während Baghdâd von Kifri oder von Hît aus mit Petroleum versorgt wird.

Dicht neben diesen Brunnen liegen weitere Sümpfe voll schwefligen Schlamms, und einige hundert Schritte weiter nach Osten auf dem Gipfel derselben Anhöhe eine flache, kreisrunde, etwa 50 Fuß im Durchmesser betragende Einsenkung im Boden, aus der lauter Flämmchen ohne eine Spur von Rauch hervorlecken, die jedoch einen Schwefelgeruch verbreiten. Wo man auch nur mit dem Dolch ein fußtiefes Loch hinabstößt, bricht eine neue Flamme hervor. Das Ganze wird für eine Schwefelkruste über einem Feuerherde gehalten.

Wieder ein anderer Reisender, Ainsworth, berichtete: man zähle an dieser Stelle 7 Erdölquellen, die etwa 300 Schritte im Geviert bedecken. „Die Schicht in der Tiefe ist ein grobes, bituminöses Lager mit zwischengelagertem Muschelkalkstein, in den oberen Schichten von Sandmergeln begleitet, die körnige Schwefelteile enthalten. Man gräbt die Brunnen 12—15 Fuß tief, bis zu gleicher Tiefe wie die Flammenbildung von Abu Gurgur; das Erdöl dringt aus den Seiten der Brunnen hervor, schwimmt also nicht auf Wasser oder Salzsole wie im Gipsboden zu Tuz Churmati. Es werden täglich aus jeder Grube 8—10 Gallonen Erdöl geschöpft; die Temperatur der Gruben ist 21,5°. Das „schwarze", hier gewonnene Erdöl nennen die Araber „kara" Naphtha, das helle Naphtha ʿabiad, d. h. weiße Naphtha [2])."

* * *

Das die türkisch-persische Grenze überquerende Erdölgebiet hat eine Länge von 2000 Kilometern. Es erstreckt sich bis über den Eingang des Persischen Golfes hinaus. Eine so bedeutende Ausdehnung kennen wir bisher bei keinem andern

[1]) Frech in der Zeitschrift „Petroleum" 1916, S. 474.
[2]) Angeführt nach Frech („Petroleum" 1916) S. 477.

Erdölvorkommen auf der ganzen Welt. Etwa 1700 km dieses breiten Streifens liegen auf persischem, etwa 300 km auf türkischem Gebiet. In beiden Ländern gehören die ölführenden Schichten zu der Gips- oder Salz-Formation, die zu dem jüngeren Tertiär gerechnet wird. Der Reichtum des Vorkommens wird dadurch noch wertvoller gemacht, daß das Erdöl auf manchen Strecken offen zutage liegt. Ob die Ergiebigkeit auf persischem oder türkischem Gebiete größer ist, läßt sich kaum sagen. Die Türken haben besonders reichhaltige Quellen in Mendeli, wo aus mehreren Brunnen ein Öl zutage tritt, dessen chemische Zusammensetzung dem des Petroleums von Baku nahesteht, dem es an Güte gleichkommt.

Ferner zeichnet sich das Ölfeld von Hît am Euphrat durch Beimischungen von bituminösem Pech aus. Es liegt dort — ähnlich wie der „Pitch Lake" auf der Insel Trinidad — ein Pechsee von beinahe 2 Meilen Durchmesser. Auch Baṣra und Quweït kommen für die Erdölgewinnung in Betracht. Alle diese Orte liegen ebenso wie Ramâdi und Nafata[1]) in der Provinz Baghdâd. Nordwestlich schließt sich daran die Provinz Môṣul, deren wichtigste Erdölstrecken sich südlich von dieser Stadt bei Nimrud, ferner namentlich bei Kerkûk, Tuz Churmati, Kifri und Mendeli finden. Bei Kifri liegt in den sogenannten Schwefelbergen, in denen sich auch die Trümmer einer alten Sassanidenburg erheben, etwa ein halbes Dutzend reicher Ölquellen. Das Öl pflegt dort in den Spalten der Gipslager unmittelbar über einer Salzsole zu schwimmen, die den Arabern zur Gewinnung von Salz dient. Mit Ausnahme der Erdölquellen bei Tuz Churmati, einer wohlhabenden Stadt von etwa 5000 Einwohnern, gehören alle diese Erdölfelder der türkischen Zivilliste.

In Persien liegt das wichtigste Ölgebiet in unmittelbarer Fortsetzung der Felder bei Qaṣr-i-Schirîn nach Nordosten bei Kermanschah und bei Schuschter, ferner in dessen Umgebung, wo sich die reichen Ölquellen von Kir Ab befinden. Dann folgen größere Abstände. Indessen findet man immer wieder Erdöl sowohl an der Küste des Persischen Golfes wie landeinwärts bis

[1]) Naf ist die arabische Bezeichnung für Erdöl

nahe an die Grenze von Beludschistan. Getrennt von diesem letzteren, im südöstlichen Persien zu der Provinz Chusistân gehörenden Ölvorkommen liegen auf der Grenze von Susiana und Persis einige Erdöl- und Gasquellen, über die man einstweilen nicht viel weiß.

Heute sind auch die Eingeborenen Persiens und Mesopotamiens so gewitzigt, daß sie den hohen Wert der Petroleum- und Erdgasquellen durchaus begreifen. Zudem ist die türkische Regierung weit entfernt, technischen Wirtschaftsproblemen mit der Hilflosigkeit gegenüberzustehen, wie unter 'Abdul Hamid, der nur den einen Wunsch zu haben pflegte, sie für seine Kasse nutzbar zu machen. Die heutige türkische Regierung blickt erheblich weiter. Sie wünscht, daß an Stelle der bisherigen Benutzung der Quellen durch die Anwohner, die sich auf ganz ursprüngliche Mittel beschränkt, so daß sie zum Teil noch dieselben sind, wie Herodot sie schilderte, eine zweckmäßigere und der Allgemeinheit größeren Ertrag bringende Ausbeute treten möchte. Bisher pflegte die Quelle von der Regierung auf je 3 Jahre verpachtet zu werden und brachte der Staatskasse außerordentlich wenig ein.

Ja, es herrschte der sinnwidrige Zustand, daß sogar in Baghdâd und Môṣul das heimische Erdöl nicht ausreichte oder vom Käufer verschmäht wurde, weil das gut raffinierte amerikanische und russische Petroleum in reichlichen Mengen eingeführt wurde. Eine gewisse Rolle spielte dabei die äußerliche Aufmachung: das amerikanische und russische Petroleum wird in Blechkisten verkauft, die von technisch nicht auf der Höhe stehenden Nationen besonders geschätzt werden. An der Westküste Südamerikas, in manchen Teilen Ostasiens, in weiten Gebieten Afrikas und in der Türkei finden alte Petroleumblechkisten mannigfache Verwendung. Es gibt mehr als einen Käufer, der das fremde Erdöl wegen dieser Aufmachung dem heimischen vorzieht.

Nachdem freilich die Anglo Persian Oil Co. ihren Betrieb aufgenommen hatte, stellte sich ein deutlicher Rückgang der Erdöleinfuhr, wenigstens in den Häfen des Persischen Golfs, ein. Er wurden dort eingeführt:

1909/10 für	52 820 £	1911/12 für	44 066 £
1910/11 für	45 691 £		

12. Das Vordringen Rußlands[1]).

Es ist erstaunlich, wie weit das Absatzgebiet des amerikanischen Petroleums vom Süden, das des russischen vom Norden aus nach Persien und Mesopotamien hineinreicht, obwohl die russischen Ölfelder, soweit sie auf persischem Boden liegen, bei weitem nicht so ertragreich sind wie die im Südwesten des Landes. In diesem nordpersischen Ölgebiet, das unter russischem Einfluß steht und sich zwischen dem Kaspischen Meere und dem Elbursgebirge in einer Länge von 600 km erstreckt, verteilen sich die Erdölfundstellen auf einzelne Punkte. Man findet sie von Ardäbil unweit der russischen Grenze am Kaspisee bis in die Gegend von Asterabad. Schon früher hat man versucht, an einzelnen Stellen dieses Gebietes Erdöl zu gewinnen; indessen ist man nicht so kräftig vorgegangen wie die Anglo Persian Oil Company im Süden.

Immerhin scheint das Zarenreich sich, zumal seit dem großen Erfolge der englisch-persischen Ölfelder, mit erheblichen Absichten zu tragen. Im Norden des Landes ließ es sich verschiedene Eisenbahngerechtsame geben, die vor allem natürlich der politischen Erschließung Nordpersiens dienen sollen, daneben aber auch seiner wirtschaftlichen Ausbeutung. Der Mineralreichtum Persiens ist es vor allem, der lockt. Nach einem Bericht des Konsuls der Vereinigten Staaten in Teheran kommen für einen künftigen Bergbaubetrieb vornehmlich 6 Gebietsteile in Betracht: 1. die Provinz Azerbeïdschân, 2. die Abhänge des Elbursgebirges, 3. Chorassân, 4. Kirmân, 5. die Gegenden von Isfahân und Naïn und 6. das Gebiet am Persergolf. — In Azerbeïdschân kommen Eisen-, Blei- und Kupfererze in großer Ausdehnung vor; Blei wird ferner im Chalkalgebiet gefunden, und Kohle tritt in der Nähe von Täbriz auf. Die Abhänge des Elbursgebirges sind reich an Kohlen und Eisenerzen. In Chorassân finden sich Türkise, Kupfererze, Kohle und Salz. Kirmân liefert

[1]) Vgl. auch die Grothesche wirtschaftsgeographische Studie über Persien in „Natur und Wirtschaft von Vorderasien" I (Angewandte Geographie III, 11. Frankfurt a. M. 1911). Die beigegebene Karte der Handelsprodukte findet sich in erweiterter Form (auch koloriert) in Helmolts Weltgeschichte, 2. Aufl., Abteilung „Westasien unter dem Islam", bearbeitet von Hugo Grothe.

Kupfer, Blei, Mangan, Eisen, Quecksilber, Nickel, Kobalt, Marmor, Borax und Türkise. In den südlichen Gebieten längs der Ostküste des Persergolfes werden Naphtha, Steinsalz und Eisenerze gefunden [1]).

Unter den zu gewinnenden Bodenschätzen dürfte ferner dem Erdöl besondere Aufmerksamkeit gewidmet werden, da es bei guter Absatzfähigkeit reiche und schnelle Erträge verspricht. Einstweilen ist Persien trotz seinem gewaltigen Reichtum an Erdöl für den Bezug von Petroleum zum größten Teil auf die Einfuhr von Baku aus angewiesen, soweit die großen Städte des Nordens in Betracht kommen. In den südlichen Teil des Landes dringt russisches Erdöl dagegen nicht, weil es an Schienensträngen mangelt, um Norden und Süden zu verbinden.

Da das russische Einflußgebiet im Norden liegt, so fällt von den beiden großen Ölgebieten, die sich über Persien erstrecken, das eine ganz Rußland zu. Beginnend in der Provinz Gilân am Kaspischen Meer, erstreckt sich dieses nördliche Ölfeld in langen, einheitlichen Linien in einer Ausdehnung von mehr als 600 km durch die benachbarten Küstenprovinzen bis nach Aster-âbâd. Es ist eine unmittelbare Fortsetzung der Ölzone des Kaukasus. Auf die Dauer wird es den Russen um so erwünschter sein, als die Ergiebigkeit der kaukasischen Ölquellen — nicht nur derer von Baku — letzthin fühlbar sank. Auch die große englische Ölgesellschaft im Kaukasus — die North Caucasian Oilfields Co. Ltd. — weist in ihrem letzten Jahresbericht (1916) darauf hin, daß trotz der unerwartet hohen Ausbeute ihre neuen Quellen in Bielik und Tschermow, die eine Steigerung der Ölgewinnung um 80 000 t gegen das Vorjahr ermöglichten, obwohl die Bohrung eingeschränkt wurde, nur kurzlebig sind und bereits Wasser zeigen [2]).

Jedenfalls mißt man in Rußland dem Ölreichtum des persischen Bodens große Bedeutung zu, zumal nachdem die glänzenden Ergebnisse der Anglo Persian Oil Co. und die starke amerikanische Petroleumeinfuhr aufstachelnd wirkten. Um letztere zu bekämpfen,

---

[1]) N. O. Halbmonatsausgabe des Korrespondenzblattes der Nachrichtenstelle für den Orient, 20. November 1916.

[2]) N. O. 22. Dezember 1916.

soll, wie Anfang 1917 gemeldet wurde, die Menge des zur Ausfuhr nach Persien gelangenden Petroleums auf Vorschlag des kaiserlichen Statthalters im Kaukasus auf jährlich 2 Millionen Pud erhöht werden [1]).

Wie es scheint, läßt sich die persische Regierung durch mehr oder weniger sanften Zwang von Rußland die Erdölgebiete des Nordens aus der Hand winden. Am 21. Mai 1916 meldete die „Nowoje Wremja“: es sei die russisch-persische Ölgewinnungs- und Handelsgesellschaft „Rupento“ in Bildung begriffen, der die „Société Kochtaria“ ihre persischen Konzessionen abgetreten habe; mit Bohrungen werde in großem Umfange begonnen, ein Dampfer werde angeschafft; im Herbst werde eine Gruppe von Geologen eintreffen; als Leiter sei der Ingenieur Fürst Amiradshibi berufen worden. — Die Kochtaria-Gesellschaft besteht schon seit Jahren, hat aber noch wenig geleistet. Ob der Grund Kapitalmangel oder russische Gleichgültigkeit ist, dürfte schwer zu sagen sein. Vor mehreren Jahren schloß die russische Straßengesellschaft Enzeli-Teheran mit der Société Kochtaria einen Vertrag, der letzterer eine Art Monopolstellung für den Verkehr auf dieser Straße verlieh. Die Kochtaria-Gesellschaft wollte ihn mit Automobilen bewältigen, die indessen noch Ende 1913 in Baku lagen, da die Gesellschaft nicht in der Lage war, die von der Fabrik verlangte Anzahlung von zwei Dritteln des Kaufpreises zu leisten. Übrigens sollte ein mit 4 Pferden bespannter Frachtwagen, der Waren im Gewichte von etwa 2500 kg befördern kann, 65 Kran als Straßengeld zahlen, während die 40pferdigen Automobile der Société Kochtaria für dieselbe Fracht 93,25 Kran zahlen sollten — alle andern Automobile dagegen 1074,40 Kran, mithin den elffachen Betrag. Für Personenautos war das Verhältnis etwas günstiger; immerhin wurde Privatautos etwa das Sechsfache des Straßengeldes der Kraftwagen der Kochtaria auferlegt. — Mit dieser Monopolstellung können andere Unternehmer nicht in Wettbewerb treten, da sie weder Reisende noch Wagen zur Beförderung finden würden. Es blieb also alles bei den alten vierspännigen Wagen und Leiterwagen, hier

[1]) N. O. 14. März 1917.

und da auch bei Kamel- und Maultier-Karawanen. Jetzt nun scheint die untätige Société Kochtaria durch die neue Gesellschaft Rupento abgelöst zu werden.

Ende Januar 1917 wurde ferner aus Teheran berichtet, daß die persische Regierung einem Vertreter russischer Finanzkreise die Erlaubnis der ausschließlichen Ausbeute der Naphthaquellen im Kreise Ardebil auf 70 Jahre erteilt habe. Wie die „Nowoje Wremja" hervorhebt, sind damit sämtliche Erdölreichtümer des nördlichen Persiens einschließlich der Provinzen Gilân, Masenderân und Aster-âbâd in russische Hände übergegangen. Der starke ausländische Wettbewerb, der in den kaspischen Provinzen Persiens der Vorherrschaft Rußlands im Wege stand, könne damit als vollständig beseitigt gelten.

Vermutlich haben die Erfolge der Anglo Persian Oil Company die Russen dazu angespornt, sich die nordpersischen Ölfelder zu sichern. Damit ist in die Kette der wirtschaftlichen Knechtung Persiens ein weiteres Glied eingefügt und zugleich der Zeitpunkt, da ein Zusammenstoß Englands und Rußlands über das neutrale Gebiet hinweg erfolgt, nähergerückt. Fraglos hätte die russische Regierung die Erklärungen der englischen über ihre Beteiligung an den persischen Ölfeldern im Jahre 1914 nicht so ruhig aufgenommen, wäre nicht unmittelbar darauf der Weltkrieg ausgebrochen. Denn die Mitteilungen Sir Edward Greys im Unterhause klangen für Rußland kaum befriedigend. Er meinte: die Gerechtsame der Anglo Persian seien älter als der britisch-russische Vertrag über Persien, so daß der englische Staat nur als Aktionär in ein schon seit längerer Zeit bestehendes Unternehmen einträte. — Äußerlich stimmt das; nur pflegen sich die Staaten mit solchen Gründen nicht zu begnügen, sondern für alle tatsächlich, nicht rechtlich einem andern erwachsenden Vorteile „Kompensationen" für sich zu fordern. Man empfand es denn auch in Rußland als beträchtlichen Unterschied, ob eine beliebige Aktiengesellschaft sich mit einer andern verband, um in ihre Rechte einzutreten — oder ob eine Großmacht die unter ganz andern Verhältnissen erteilte Gerechtsame ankaufte, um sie selbst zu vorwiegend politisch-militärischen Zwecken auszunutzen.

Überhaupt dürfte die Nutzbarmachung der Bodenschätze Persiens in größerem Umfange kaum möglich sein, so lange nicht den Verkehrsmöglichkeiten beträchtliche Verbesserung zuteil wird. Mit Ausnahme einer kleinen Eisenbahn, die von der Hauptstadt Teheran nach einem wenige Kilometer entfernten Wallfahrtsorte (Schah-Abdul-Asim) führt, bestand bisher in ganz Persien keine Eisenbahn. Vor einigen Jahren begannen die Russen eine Bahn von Täbriz nach Dschulfa zu bauen, die russischen Nachrichten zufolge Ende 1916 eröffnet sein soll. Ferner hat sich das Zarenreich im Jahre 1913 von dem damals neugebildeten persischen Kabinett die Erlaubnis zur Verlängerung dieser Eisenbahn über Täbris hinaus bis zum Urmiasee erteilen lassen, nebst den Bergwerksrechten für Kohle und Erdöl in einem 60 Werst breiten Streifen auf beiden Seiten der Bahn, und zwar auf die Dauer von 75 Jahren; an der Ausbeute soll Persien mit 20% beteiligt werden.

Einstweilen jedoch spielt sich der größte Teil des Verkehrs noch immer auf uralten Karawanenwegen ab, mit den ältesten Betriebsmitteln der Menschheit: in der Regel auf Kamelen und Maultieren, Eseln oder Pferden, seltener auf Wagen. Für letztere bedarf man des Straßenbaus, während der Lastenverkehr auf Tierrücken über ganz rohe Straßen möglich ist. Nur auf einigen Strecken wurde in den letzten Jahren Kraftwagenverkehr eingerichtet. Zumal im Norden ließ Rußland Straßen bauen, die den Verkehr merkbar belebten. Die für die Warenbeförderung wichtigste der alten Karawanenstraßen führt von Trapezunt über Täbriz nach Teheran. Die Entfernung beträgt 1700 km, je 100 kg kosten auf dieser Strecke rund 120 M., die Beförderung nimmt etwa 2½ Monate in Anspruch. Erschwert wird der Verkehr auf den persischen Straßen durch das Räuberunwesen, das namentlich in Kurdistan und Arabistan überhandgenommen hat [1]).

Dagegen hat der russische Handel im Persischen Golf manchen Anstrengungen zum Trotz bisher so gut wie gar nichts erreicht. Zum ersten Mal erschienen im Jahre 1891 russische Handelsschiffe im Persischen Golf. Österreichische, deutsche und türkische Kauffahrer folgten erst später.

[1]) W. Ahrens in „Technik und Wirtschaft“ 1917, S. 100.

Im Jahre 1901 entsandte die russische „Gesellschaft für Dampfschiffahrt und Handel“ einen Dampfer nach dem Persischen Golf. Die Fahrt endete mit einem gänzlichen Mißerfolg. Sobald der Dampfer „Kornilow“ dort erschienen war, sich hatte feiern lassen und das Versprechen regelmäßiger Fahrten nach Europa zu äußerst bescheidenen Frachtsätzen gegeben hatte, beantworteten die englischen Schiffahrtsgesellschaften den Schlag, indem sie ihre Frachtsätze nach Europa um 70% herabsetzten. Die Tonne von Baṣra, ja von Bombay nach London, die bis dahin 50 s. gekostet hatte, kostete nur noch 15 s!

Die englischen Zeitungen in Bombay und Calcutta brachten über die Organisation, die hinter dem russischen Unternehmen stand, folgende Mitteilungen[1]):

„Um sich im Persischen Golf festzusetzen, beginnt Rußland energischer zu handeln. Jeder Dampfer, der den Persischen Golf aufsucht, erhält, abgesehen von der Erstattung der Kosten beim Passieren des Suezkanals, für jede Fahrt eine Unterstützung im Betrage von 50 000 Rubel. Die russische „Gesellschaft für Dampfschiffahrt und Handel“ hat vor, jährlich vier Dampfer dahin zu senden, unter ihnen den Dampfer „Kornilow“ von 3000 t und den Dampfer „Truwor“ von 2500 t. Zwei neue, ausschließlich für den Persischen Golf bestimmte Dampfer werden gegenwärtig im Bau beendet. Mit ihnen wird es möglich sein, einen monatlichen Verkehr russischer Schiffe im Persischen Golf durchzuführen. Die russische „Gesellschaft für Dampfschiffahrt und Handel“ unterhält Korrespondenten in allen Häfen des Golfs und hat zwei ständige Agenten, den einen in Baṣra, den andern in Buschehr. Diese Agenten erhalten jeder 6250 Rubel Gehalt und außerdem eine Kommission im Betrage von 5% der Einfuhr und Ausfuhr. Jede Agentur hat einen Sekretär, der 125 Rubel monatlich bei freier Kost und Wohnung und noch außerdem $3\frac{1}{2}$% vom Umsatz erhält. Die Agenten verwalten eine Ausstellung aller russischen Erzeugnisse und sind gleichzeitig Vertreter für Abschlüsse in russischen Waren, wie Zucker, Mehl, Glas und andern Artikeln. Zu ihren

[1]) Nach einem Aufsatz des russischen Orientpolitikers N. Filkowitsch im „Nowyj Ekonomist“ vom 3. März 1917, wiedergegeben im „Neuen Orient“ vom 7. April 1917, S. 13 f.

Obliegenheiten gehört unter anderem die Informierung russischer Firmen in Rußland über die Eigenheiten und Qualitäten der in Mesopotamien, Persien und Arabien gefragten Waren. Sie sind ferner verpflichtet, die Muster dieser Waren nach Rußland zu senden."

Der russische Wettbewerb erwies sich als ein Schlag ins Wasser. Einmal war England schnell mit Gegenmaßnahmen bei der Hand, denen die Russen nicht gewachsen waren. Außerdem tat die russische Saumseligkeit und Unzuverlässigkeit das ihre, um die Güter von den russischen Schiffen abzuschrecken. Diese Dampfer kamen im Persischen Golf in sehr unbestimmten Zeiträumen und nicht selten mit großer Verspätung an. Die heimischen Kaufleute waren nicht minder nachlässig, so daß es an der nötigen Unterstützung fehlte; ein bekannter Agent in einem Hafen des Persischen Golfes, der russischen Handelsfirmen eine Fülle verschiedener Nachrichten übermittelte, erhielt von ihnen nicht eine Antwort. Zudem wurden für manche russische Waren viel zu hohe Preise gefordert — beispielsweise für Mehl. Freilich war es besser als das indische Mehl; allein den persischen Käufern kam es nicht sowohl auf die Güte als auf die Billigkeit an. Die russischen Handelsschiffe luden daher meistens Güter ausländischer Herkunft, so daß der russische Binnenhandel daraus keinen Boden gewann.

Rußland ist demnach als Handelsmacht aus dem Persischen Golf völlig ausgeschaltet. Das Monopol des Handels dort liegt in den Händen der Firmen Bombays, die sich die Waren aus Europa kommen lassen, um sie auf englische Dampfer umzuladen und auf diesen nach dem Persischen Golf zu schaffen. Dadurch verteuern sich die europäischen Güter in den Häfen des Persischen Golfes gegenüber den Preisen in Indien um mindestens 10%. Nach dem Friedensschlusse ist allerdings mit dem abermaligen Wettbewerb Deutschlands[1]), Österreichs, der Türkei und Frankreichs zu rechnen.

Aber auch die Vereinigten Staaten, die an Stelle der ihnen nun wohl verloren gehenden Öleinfuhr versuchen werden, andere Waren nach Persien zu schaffen, dürften in Zukunft ein

[1]) Über Deutschlands steigenden Einfluß im Handelsverkehr mit Persien siehe bei Grothe, „Natur und Wirtschaft von Vorderasien" I. Persien.

Wort mitreden. Der russische Orientpolitiker Filkowitsch macht auf diese Gefahr aufmerksam, zumal nachdem sich die Union in den gegenwärtigen Krieg eingemischt habe. Der Charakter der ausschließlich englischen Herrschaft im Persischen Golf könnte dadurch bedeutsame Veränderungen erfahren. Filkowitsch rät deshalb Großbritannien, sich aus eigenem Interesse enger an „seine Verbündeten, Rußland und Frankreich, anzuschließen, und zwar auf dem Wege einer wirtschaftlichen Übereinkunft in bezug auf den Persischen Golf in Ergänzung der politischen Übereinkunft mit Frankreich von 1892 und der mit Rußland von 1907. So könnte zum Beispiel Frankreich, im Besitz des vorzüglichen Hafens Dschibuti an der afrikanischen Küste des Roten Meeres, auf dem entgegengesetzten Ufer Arabiens mit Dschedda als Ausgangspunkt eine Eisenbahn durch Südarabien nach Maskat an der Küste von Oman erbauen, während Rußland mit Englands Zustimmung eine Eisenbahn von Täbriz nach Qaswin, Teheran, Isfahân, Schiraz, Bender-Abbas, oder aber nach Buschehr von Isfahân, und schließlich in dritter Richtung von Teheran über Kirmân nach Tschahbar und Gwadur baut, das an der Persischen Küste gegenüber der von Omân liegt. Auf diese Weise würden alle drei verbündeten Mächte gemeinsame Interessen im Persischen Golf und eine enge Fühlung untereinander besitzen, die eine Garantie gegen in Kürze zu erwartende begehrliche Schritte seitens der Vereinigten Staaten bilden könnte“ [1]).

Der russische Handel mit Persien belief sich 1913 auf insgesamt 120 000 000 Rubel, wovon auf die Einfuhr nach Persien 62 000 000, auf die Ausfuhr von dort 58 000 000 entfielen. Ein-

[1]) Für Rußland besteht nach Filkowitsch die „einzige Möglichkeit eines Handels mit Südpersien, Mesopotamien und Arabien auf dem Landwege und unter Ausnutzung der Flußläufe. Es ist unbedingt notwendig, eine Eisenbahn von Enzeli, dem Hafen am persischen Ufer des Kaspischen Sees, bis Teheran (300 Werst) und von Teheran über Chaniqîn bis Baghdâd (ungefähr 600 Werst) zu bauen. Die ganze Länge der Eisenbahnstrecke würde 900 Werst betragen, und die Wasserwege der Wolga und des Kaspischen Sees würden russischen Waren eine günstige Gelegenheit bieten, nach Baghdâd zu gelangen, ohne Rußlands Konvention mit England vom 18./31. August 1907 zu verletzen. Von Bagdad aus würde dann die russische Einfuhr auf dem Tigris und dem Schatt-el-‘Arab nach Basra, dem Mittelpunkte des Handels mit europäischen Waren, die bisher über Suez dorthin gelangten, verschifft werden können“.

geführt wurden hauptsächlich Baumwollwaren und Zucker, während sich die Ausfuhr auf Baumwolle, Wolle und andere Rohstoffe, Früchte, Gewürze, Reis usw. erstreckte. Der Anteil Rußlands am persischen Außenhandel beträgt 62,7%, derjenige Englands nur 20,9% [1]).

---

[1]) Der persische Außenhandel im Finanzjahr 1912/13 belief sich nach einem englischen Konsularbericht auf folgende Ziffern:

Land	Einfuhr £	Ausfuhr £	zusammen £
Afghanistan	79 266	44 423	123 689
Deutschland	388 869	53 244	442 113
Österreich-Ungarn	146 225	10 303	156 528
Belgien	144 160	7 418	151 578
China	14 353	63 164	77 517
Ägypten	10 754	28 616	39 370
Vereinigte Staaten	17 221	115 900	133 121
Großbritannien (ausschließlich Indien)	1 570 585	624 512	2 195 097
Indien	1 214 525	404 915	1 619 440
Großbritannien (einschließlich Indien)	2 785 110	1 029 427	3 814 537
Frankreich und seine Kolonien (einschließlich Indochina)	200 572	87 795	288 367
Griechenland	93	4 033	4 126
Italien	49 781	145 522	195 303
Niederlande und seine Kolonien	23 172	39 049	62 221
Rußland	5 981 455	5 470 507	11 451 962
Spanien	98	—	98
Schweden	10 301	24	10 325
Schweiz	18 789	2 333	21 122
Türkei	425 248	689 579	1 114 827
Maskat	4 960	3 869	8 829
Oman	19 032	134 137	153 169
Alle übrigen Länder	98	3 989	4 087
Zusammen	10 319 557	7 933 332	18 252 889

Von dem gesamten Außenhandel entfielen auf die:

	Einfuhr %	Ausfuhr %
1908/09	53,3	46,7
1909/10	54,4	45,6
1910/11	56,3	43,7
1911/12	57,5	42,5
1912/13	56,5	43,5

Während des Krieges haben die Umsatzziffern einen kleinen Rückgang erfahren: die Einfuhr machte 1914 52,9 Millionen Rubel aus, die Ausfuhr 41,3 Millionen Rubel. 1915 blieben die Zahlen etwa auf der gleichen Höhe.

Für das Jahr 1916 (Rechnungsjahr vom 21. März 1915 bis 20. März 1916) beziffert sich nach den Angaben der belgischen Verwaltung der persischen Zollämter die Einfuhr aus Rußland auf 53 350 765 Rubel, die Ausfuhr dorthin auf 53 434 069 Rubel, während Großbritannien nebst Britisch-Indien für 33 863 840 Rubel nach Persien einführten, und Persien dorthin für 15 257 140 Rubel ausführte. Die Vereinigten Staaten führten nach Persien für 53 722 Rubel ein und bezogen dorther für 1 688 061 Rubel.

13. Der Wettbewerb Englands und des Zarenreichs.

Heute wird es auch dem flüchtigen Blicke klar, daß England in seiner Politik am Persischen Golf außerordentlich überlegt und in Abschnitten vorgegangen ist, die zwar nicht darauf berechnet waren, Persien den Schmerz der Aufteilung weniger fühlen zu lassen, wohl aber den russischen Argwohn so sehr wie möglich einzuschläfern. Hatten beide Staaten doch im letzten Jahrhundert ihre Schritte gegenseitig mit äußerstem Mißtrauen überwacht.

Am frühesten waren die Engländer auf dem Plan gewesen. Schon wenige Jahre nach Begründung der Ostindischen Gesellschaft (East India Company) erschienen sie 1612 im Persischen Golf, wo sie in Gombrun eine Faktorei errichteten. 1622

Überschuß der Einfuhr über die Ausfuhr:

	Frans.	£
1908/09	46 277 074	841 401
1909/10	70 902 327	1 289 133
1910/11	109 080 728	1 983 286
1911/12	149 423 758	2 716 796
1912/13	131 242 368	2 386 225

(No. 5261 Annual Series. Diplomatic and Consular Reports. Peria. Report for the year 1912/13 on the Trade of Persia. Edited at the Foreign Office and the Board of Trade. Cd. 7048—78. S. 16 f.)

eroberten sie mit Hilfe der Truppen des persischen Staates die Insel Hormuz, die mächtigste Festung jener Zeit, die von den Portugiesen unter Albuquerque vor länger als einem Jahrhundert (1515) in Besitz genommen war. Letztere hielten sich dagegen in Maskat, das schon seit 1508 in ihren Händen war, weil sie die Wichtigkeit dieses am Eingang zu dem Golf liegenden Gebietes für die Behauptung Indiens erkannten.

Zwischendurch sei daran erinnert, daß schon die Römer versuchten, aber ohne dauernden Erfolg, das Zweistromland nebst dem Persischen Meerbusen unter ihre Herrschaft zu bringen. Die Feldherren des Augustus kamen bis auf drei Tagereisen vom „Lande der Gewürze"; andere sollen beinahe 1000 Meilen südlich des Wendekreises vorgedrungen sein. Hitze und Krankheit jedoch trieben sie zurück. Erst Trajan erneuerte diesen Versuch. Siegreich zog er am Tigris hinab. Ihm war es als erstem und letztem Römer beschieden, den Persischen Golf zu befahren. Seine Flotten schifften siegreich an den Küsten des südlichen (des sogenannten „glücklichen") Arabien hinab. Allein die Römer vermochten sich hier nicht dauernd zu halten — bald machten sich die arabischen Stämme wieder selbständig.

Auch in den vielen Jahrhunderten der Folgezeit hören wir nichts davon, daß es einem fremden Eroberer geglückt sei, dieses Gebiet dauernd zu beherrschen. Erst nach Entdeckung des Seeweges nach Ostindien begannen weiße Völker hier mit erobernder Hand vorzudringen.

Um die Mitte des 18. Jahrhunderts, als sich zwischen Franzosen und Engländern der Kampf um die Vorherrschaft in Indien abspielte, gelang es ersteren, ihre Feinde aus Bender Abbas — so hieß seit 1622 das frühere Gombrun — zu verjagen, so daß die Engländer gezwungen waren, ihre Faktorei nach Buschehr zu verlegen. Gleichzeitig knüpften die Franzosen nähere Beziehungen zu dem arabischen Staate Omân an, der zu Beginn des 19. Jahrhunderts seine Macht nicht nur im Persischen Golf, sondern weit nach Süden an der ostafrikanischen Küste ausdehnte. England verfolgte dieses Reich mit Argwohn und benutzte, unmittelbar vor dem indischen Aufstand, die Gelegenheit des Todes des damaligen Sultans (1856), um unter dem Vorgeben, zwischen den beiden Söhnen des Verstorbenen zu vermitteln, die Teilung des Reiches in die zwei selbständigen Sultanate Omân und Zanzibar durchzusetzen; als Provision ließ es sich den einzigen brauchbaren Hafen der Insel Kischm am Eingang zum Persischen Golf, Basidu, zahlen, während der übrige Teil der Insel an Persien fiel.

*

Seit Peter dem Großen drang auch Rußland gegen Persien vor. Zwar scheiterten die ersten Unternehmungen, allein der russische Bär ließ sich auf die Dauer nicht abschrecken, hatte er sich auch einmal die Tatze gründlich verletzt.

Als die Russen die Länder am Südabhang des Kaukasus besetzten, vor allem Georgien, das sie sich seit 1801 endgültig einverleibten, suchte der zweite Perserschah aus dem Hause der Kadscharen, das 1794 den Thron bestiegen, Unterstützung bei England. Letzteres sagte Hilfe zu — allein unter unerhörten Bedingungen: der Schah sollte die afghanischen Grenzmarken verwüsten, das afghanische Volk zur Ruhe bringen, gleichzeitig aber ein etwa eindringendes französisches Heer in jeder Weise daran verhindern, sich „an einem der Ufer" des Persischen Golfes festzusetzen. Nicht genug damit: Persien sollte das ganze Küstenland abtreten, England das Recht zuerteilen, Bender-Buschehr zu befestigen, ungeheure Kontributionen leisten, England die persischen Inseln überlassen und ihm den Oberbefehl über die persischen Truppen erteilen. Als einzige Gegenleistung boten die Engländer die Lieferung von Kriegsgerät [1]).

Es läßt sich denken, daß der Schah, außer sich über diese Anmaßung, die ihm vorgeschlagenen Bedingungen verwarf und sich 1802 brieflich an Napoleon wandte, dessen Eroberungen in Italien und Ägypten ihn hoffen ließen, aus solcher Bundesgenossenschaft Nutzen zu ziehen. Der Korse, hocherfreut, im Osten einen Stützpunkt zu gewinnen, entsandte alsdann eine Mission

[1]) Krahmer, Die Beziehungen Rußlands zu Persien. Leipzig 1913, S. 17.

nach Persien, wurde jedoch durch die Entwicklung der Dinge in Europa verhindert, seine Pläne im Morgenlande weiterzuführen.

So konnten die Russen 1804 wiederholt über Persien siegen, das sich jedoch auf Anraten Englands weigerte, Frieden zu schließen. Brauchte letzteres doch diesen Krieg, weil er Napoleon hinderte, seine indischen Pläne zur Ausführung zu bringen.

Die Einnahme Bakus durch die Russen 1806 veranlaßte den Schah Fath ʿAlî, einen Bevollmächtigten nach Frankreich zu entsenden, um endlich einen festen Vertrag mit Napoleon zu schließen. Am 4. Mai 1807 wurde er unterzeichnet. Der Schah verpflichtete sich darin, nach erfolgter Ratifikation alle politischen und Handelsbeziehungen zu England abzubrechen und ihm sofort den Krieg zu erklären. Sollten Rußland und England ein Bündnis gegen Frankreich und Persien schließen, so waren beide Nationen verpflichtet, gemeinsam gegen diesen Feind zu kämpfen. Auch versprach der Schah, seinen ganzen Einfluß zu benutzen, um die Afghanen und andere Völkerschaften Kandahars zum Kriege gegen England zu bewegen und nach Vereinigung mit ihnen tief nach Indien einzudringen. Sollte Napoleon sein Heer auf dem Landwege nach Indien vorgehen lassen, so würde der Schah sie durch sein Gebiet rücken lassen, sie auf dem Marsche mit Verpflegung unterstützen und seine Truppen mit den französischen vereinigen. Alle Häfen des Persischen Golfes sollten dem französischen Geschwader geöffnet werden. Dagegen gewährleistete Napoleon Persien den vollen Besitzstand seines Reiches.

Allein der indische Feldzug unterblieb. Persien mußte daher, wollte es vor dem Eroberungsdrange der Russen Schutz finden, eine andere Anlehnung suchen. Immer wieder bot sich England dazu an. 1809 versprach es Persien Hilfsgelder, falls es jeder Macht den Durchzug nach Indien verwehre. Dennoch behielt Rußland im Frieden von Gubistan 1813 alle Eroberungen und wurde Herr des Kaspischen Meeres.

Bald darauf wiederholte sich dasselbe Spiel. England versprach, um Rußland von Persien fernzuhalten, letzterem 1814 abermals Hilfsgelder und sagte ihm Hilfe gegen jeden nicht durch eigene Schuld hervorgerufenen Angriff einer andern Macht zu.

Als Rußland jedoch 1825 das persische Goktscha besetzte, verweigerte England die Hilfe unter dem nichtigen Vorwande: Goktscha sei unbewohnt [1]).

*

Es ist nicht vonnöten, hier die Geschichte des Wettbewerbs zwischen England und Rußland mit Persien um den Persischen Golf während des ganzen 19. Jahrhunderts zu erzählen. Die mitgeteilten Tatsachen, die dafür kennzeichnend sind, wiederholen sich stets in der einen oder andern Form. Einmal gebärdet sich England als Freund Persiens, das andere Mal tritt es ihm als Feind entgegen; in beiden Fällen ist es darauf abgesehen, keine andere Macht in Persien Fuß fassen zu lassen und selbst dort Einfluß und Gebiet zu erobern.

Auch im Hinterlande des Persischen Golfes suchten die Engländer vorzudringen. 1789 errichteten sie ein Konsulat in Baghdâd. Ungefähr seit dem Jahre 1820 gelang es diesem, erheblichen Einfluß zu gewinnen. Kurz danach begann man Pläne zu schmieden, ob sich nicht zunächst der Postverkehr, später auch der wertvollste Teil des Warenverkehrs von England nach Indien, statt auf dem beträchtlichen Umwege um das Kap der guten Hoffnung, über die Landenge von Suez in das Rote Meer oder durch Mesopotamien und über den Persischen Golf schaffen ließe. Es erregte Aufsehen, als 1819 der Oberbefehlshaber der Truppen in Bombay Sir Miles Nightingall, als er sein Amt niederlegte, nach England in Begleitung seiner Gemahlin durch das Rote Meer und über die Landenge von Suez zurückkehrte. Vier Jahre später schlug der Gouverneur von Bombay, Mount-Stuart Elphinstone, die Errichtung einer Dampferlinie zwischen Suez und England vor, weil man dann die Reise einschließlich allen Aufenthalts in 34 Tagen zurücklegen könnte.

Allein die Direktoren der Ostindischen Gesellschaft gingen auf den Plan nicht ein. Auch 1826, als er ihnen wieder vorgelegt wurde, glitten sie darüber hinweg. Dennoch wurde es immer häufi-

[1]) Dr. Friedrich Ratzel: Politische Geographie oder die Geographie der Staaten, des Verkehrs und des Krieges. München-Berlin, R. Oldenbourg, 1913. 2. Aufl., S. 526.

ger, daß Beamte und Offiziere den Weg von oder nach Indien über Suez zurücklegten, und die Stimmen, man müsse dem Verkehr diesen festen Weg schaffen, mehrten sich [1]). Endlich, 1829, stellte der „India Board of Control" bei der britischen Regierung den Antrag, eine schnellere Verbindung zwischen Großbritannien und Indien zu Lande, und zwar über Aleppo, zu schaffen. Im Jahre 1830 fand über die Frage ein umfangreicher Briefwechsel zwischen der Marineabteilung der Regierung in Bombay und den Direktoren der Ostindischen Gesellschaft in London statt. Letztere bezeichneten es, obwohl sie dem ganzen Plan wenig geneigt waren, als zweckmäßiger, die Verbindung über den Persischen Golf und den Euphrat herzustellen. 1834 beschäftigte sich ein Ausschuß des Parlaments mit der Frage, konnte jedoch zu keinem bestimmten Entschlusse kommen, welcher Weg der bessere sei [2]).

Es ist lehrreich, wie die Aussagen vieler Sachverständiger vor diesem Ausschuß mit aller Bestimmtheit darauf hinwiesen, daß der Weg über den Persischen Golf aus politischen Gründen vorzuziehen sei — weil man dadurch verhindere, daß Rußland in der Nähe Fuß fasse. Die Schaffung dieser Verbindung „würde uns ein greifbares (vested) Interesse und ein Recht zum Einschreiten geben" — so sagte einer von ihnen aus, der zugleich bekundete: „die Russen hätten, so nehme man seit langem an, Pläne auf Baghdâd; dort unterhielten sie schon seit einer ganzen Zeit Vertrauensmänner (Agents); das Paschalik Baghdâd ist eine sehr wertvolle Besitzung und würde sich für eine Schutzherrschaft entweder den Russen oder uns bezahlt machen" [3]).

1835 wurde zunächst eine Linie über Suez und das Rote Meer, geschaffen, gleichzeitig aber der Euphratweg durch den Obersten Francis Chesney genauer erforscht, der darüber ein umfangreiches, mit Karten versehenes Buch schrieb, für das er

[1]) Siehe näheres bei W. S. Lindsay: History of Merchant Shipping and Ancient Commerce. London, Sampson Low, Marston, Low and Searle. 1876, Bd. 4, S. 344 ff.

[2]) Ausführlicheres bei Grothe „Die Bagdadbahn usw." München 1902. S. 5 f.

[3]) Siehe Auszüge aus den Sachverständigen-Aussagen bei Lindsay Bd. 4, S. 356 f.

durch eine besondere Bewilligung von 4000 £ belohnt wurde [1]). Der Tigris wurde 1838/39 von Henry Blosse Lynch bis zum Oberlauf erforscht. Beide Forschungsreisen ergaben, daß die Beförderung über das Zweistromland weit größere Schwierigkeiten bot, so daß man es bei der Verbindung durch das Rote Meer beließ.

*

Im Persischen Golf erlangte England trotzdem schon damals die tatsächliche Vorherrschaft, da es den Kampf gegen die Seeräuber aufnahm, die sich an den Küsten unangenehm bemerkbar machten. Die britische Flotte erhielt dadurch die beste Gelegenheit, häufige Expeditionen nach dem Persischen Golf zu unternehmen, und die englisch-indische Regierung benutzte die Lage, um mit den Oberhäuptern verschiedener arabischer Stämme Verträge zu schließen, die sich zunächst auf die Vernichtung des Seeraubes bezogen. Gebiets-Abtretungen verlangte England noch nicht; es schien ihm zweckmäßiger, sich in die unsicheren Verhältnisse des Innern nicht zu mischen, sondern sich auf die Überwachung der See zu beschränken.

*

Auch die Russen blieben nicht müßig. Schon 1834 gingen sie mit der Absicht um, in Basra eine Flottenstation und eine

[1]) Seine Euphrat-Expedition fand 1835—37 statt. Er empfahl übrigens, das finanzielle Interesse der Einwohner an den geschäftlichen und technischen Unternehmungen des anzulegenden Kapitals zu wecken. Seinen Rat hat in der Gegenwart die „Anglo Persian Oil Co." befolgt, indem sie nicht nur der persischen Regierung eine Abgabe von 16% des jährlichen Reingewinns versprach, sondern auch den Häuptlingen der Bachtaren 3% der Aktien von jeder in ihrem Gebiet zu gründenden Gesellschaft zusichete, wie ferner jährlich 3000 £, nach dortigen Begriffen ein fürstliches Einkommen. Mit Recht weist Schäfer darauf hin, daß dieses Verfahren künftig auch für unsere wirtschaftlichen Unternehmungen etwa in Mesopotamien, Kurdistan oder Arabien zum Vorbild dienen sollte: „Mancher Scheich, der bisher aus andern Quellen, z. B. Kamelabgaben, seine Einnahmen bezog, kann auf diese Weise zur Förderung z. B. des Eisenbahnbaues gewonnen werden, der sonst sein Stämme gegen die neuen, ihm seine Einnahmen mindernden Einrichtungen dauernd aufwiegeln würde." (Schäfer S. 43.)

Werft zu errichten, was in London nicht geringe Aufregung verursachte.

In den nächsten Jahrzehnten machte sich das Zarenreich jedoch im persischen Gebiet weniger bemerkbar; es hatte an anderen Stellen — und daheim! — genug zu tun.

*

Dagegen ließ England 1883 abermals seine Pläne erkennen. Im Sultanat Omân, wo es erst 1856 (s. oben) erfolgreich „vermittelt“ hatte, brach ein neuer Aufstand los, den der englische Kreuzer „Philomele“ durch das Feuer seiner Geschütze niederschlagen half. So wurde die Herrschaft des Sultans gesichert — um England den maßgebenden Einfluß an seinem Hofe zu verschaffen und die Franzosen zurückzudrängen.

Seit 1887 wirkte dann am persischen Hofe mit besonderer Tatkraft der britische Gesandte Sir Henry Drummond Wolff, der dafür sorgte, daß sich das Land dem auswärtigen, vor allem dem englischen Handel und Kapital eröffnete.

Er wußte durchzusetzen, daß die Regierung zum ersten Mal an das Ausland eine Gerechtsame zur Ausbeutung persischer Ölfelder erteilte. Sie wurde der „Persian Bank Mining Rights Corporation Ltd.“ zuteil, die von der „Imperial Bank of Persia“ zur Erschließung der Mineralschätze Persiens begründet war und über ein Aktienkapital von über 1 Million £ verfügte.

Diese Gesellschaft ließ bei Daliki und auf der Insel Kischm Bohrungen auf Erdöl vornehmen, ohne jedoch Erfolg zu haben. Auch Kend-i-Schirîn im Bezirk Qaṣr-i-Schirîn ließ sie untersuchen. 1894 löste sie sich auf, weil sie ihre Pläne zu weit gesteckt hatte und dafür zu wenig Mittel besaß.

*

1895 gerieten Leute eines Araberscheichs der Küste mit dem Scheich von Bahreïn, der zweiten großen Insel im Persischen Golf, wegen der einträglichen Perlenfischerei in Streit. Auch hier griffen die Engländer ein, indem sie den Scheïch Aïssa „retteten“ und seine bisher zum Gebiete des Sultanats Omân gehörige

Insel unter britische Schutzherrschaft brachten. Damit hatten sie die Inseln im Persischen Golf sämtlich in der Hand.

*

Um das Jahr 1900 richtete sich das Interesse der Großmächte abermals auf diese Weltgegend. Die Russen rührten sich in Mittelasien. Auch nach Persien wünschten sie vorzudringen, während die Anatolische Eisenbahngesellschaft 1899 mit der türkischen Regierung ein vorläufiges Abkommen über den Bau der Strecke Konia—Baghdâd—Baṣra abschloß.

England antwortete, indem es noch im selben Jahre durch einen Hintermann Quweït in seine Hand brachte, das es schon 1820, damals vergeblich, zu erwerben gesucht. Das am 23. Januar 1899 mit dem Scheich von Quweït geschlossene Abkommen war eine der ersten Amtshandlungen des damaligen Vizekönigs von Indien, Lord Curzon.

Als im März 1903 der Vertrag der Anatolischen Bahn mit der Türkei endgültige Formen annahm, setzte Curzon sich zu seiner Fahrt in den Persischen Golf in Bewegung. Unter allen europäischen Mächten waren es zuerst die Engländer, die im 20. Jahrhundert ihren Staat dort auch äußerlich zur Geltung brachten. Noch waren es allerdings nicht die Ölfelder, die England lockten. Wohl aber veranlaßte das Vordringen Rußlands, das seit Jahren Absichten auf den Persischen Golf hegte, die englischen Staatslenker, hier ihre Machtmittel einzusetzen, um auf beiden Seiten dieses wichtigen Meeres den Gegnern einen Knüppel zwischen die Beine zu werfen. Deshalb wurde der Emir der Wahabiten durch englisches Geld erkauft, so daß er, von Nedschd aus vorgehend, den Sultan von Quweït schlug und sich dieses wichtigen Hafenplatzes an der Südküste bemächtigte.

Überhaupt nahmen die englischen Pläne an der Südküste des Golfs, also auf arabischem Gebiet, günstigen Fortgang, während an der Nordküste, auf persischem Boden, zunächst nicht viel zu erreichen war. Curzon, der Herrische, erlebte die Demütigung, daß der Statthalter von Buschehr sich weigerte, ihm auf seinem Schiff einen Besuch zu machen. — Allein was nicht war, sollte dann werden. Die englische Erfahrung wußte, wie man in solchen Fällen vorzugehen hatte: durch die Firma Lynch & Co. in Baghdâd ließ man 50000 Gewehre an Luren und Bachtiaren verteilen, um diese wilden Bergvölker für britische Pläne zu erwärmen. Zugleich legte Lynch & Co. eine Straße von Ahwâz durch den Puschtikûh nach Isfahân an, die zwar von den Karawanen nicht benutzt wird, indessen für den Transport von Kanonen nötig ist [1]).

Am 5. Mai 1903 erklärte Lord Lansdowne als britischer Minister des Auswärtigen im Oberhause: daß eine ausländische, im Besitz einer Kriegsflotte befindliche Macht einen Flottenstützpunkt oder sonst eine Stellung im Persischen Golf sich schaffe, dürfe England unter keinen Umständen dulden; „sicherlich sollten wir dem mit allen uns zur Verfügung stehenden Mitteln entgegentreten". England fordere im Persischen Golf wie in den angrenzenden Ländern das Recht der Vorzugsstellung. Indessen versicherte der Minister, daß diese Worte sich nicht auf die Frage des internationalen Handels im Persischen Golf bezögen. Er erwähnte gleichzeitig, daß der gesamte Seehandel dort sich auf etwa 3 000 000 £ belaufe, wovon 2 300 000 £ auf England entfielen, das also den übrigen Mächten bedeutend voraus sei.

Persien sowohl wie Mesopotamien wurden seit dieser Zeit mit einem Netz britischer Konsulate übersponnen, die sämtlich mit Männern aus dem indischen Heeresdienste besetzt und überall, wo es nur irgend ging, mit einer „Schutzwache" versehen wurden. Rußland folgte dem Beispiel. Dagegen unterhielt Deutschland vor dem Kriege in Baghdâd und Buschehr nur Konsulate, obwohl die beiden übrigen Mächte durch Generalkonsulate vertreten waren.

Seit dem Beginn des Jahrhunderts übte auch Rußland stärkeren Druck auf Persien aus. Es wünschte Bender Abbas oder einen andern Hafen am Persischen Golf zu erhalten, um es zu dem „Wladiwostok am Indischen Meere" zu machen [2]). Die Odessaer Reederei „Compagnie Russe de Commerce et de Navigation" richtete eine Schiffahrtslinie nach dem Persischen Golf ein; die Hamburg-Amerika-Linie tat dies erst 1906.

[1]) Albrecht Wirth: Geschichte Asiens und Osteuropas. 1905. S. 533.
[2]) Schäfer S. 35.

Es ist schwer zu verstehen, daß in der Zeit des Burenkrieges weder Rußland noch Deutschland sich in Persien Ölgerechtsame erteilen ließen, ja daß sie ruhig zusahen, wie den Engländern ein solches Recht zuteil wurde. Es war im Jahre 1901, als der australische Unternehmer W. K. D'Arcy mit Unterstützung des britischen Gesandten Drummond Wolff die Ölgerechtsame der aufgelösten „Persian Bank Mining Rights Corporation Ltd." erwarb [1]). Die Gerechtsame umfaßte etwa drei Viertel ganz Persiens.

Die ersten beiden Bohrungen, die der neue Unternehmer ausführen ließ, erforderten etwa 250 000 £, hatten jedoch keinen nennenswerten Erfolg. Hindernd stand auch die Schwierigkeit der Beförderung im Wege. Um sie zu überwinden, plante D'Arcy entweder den Bau einer Rohrleitung von Qaṣr-i-Schirîn nach Baghdâd, die sich durch größere Kürze (110 englische Meilen = etwa 176 km) empfahl, aber durch türkisches Gebiet laufen mußte und politische Schwierigkeiten mit der Türkei hätte herbeiführen können — oder eine andere Rohrleitung durch persisches Gebiet nach Muḥammera, die jedoch weit größere (360 englische Meilen = etwa 576 km) Länge erhalten und über hohe Gebirge sowie durch die unsichere Provinz Luristan hätte gehen müssen.

D'Arcy zog es deshalb vor, in Gebieten näher dem Meere neue Bohrungen vorzunehmen. Diese wurden bei Ahwas am Karunflusse vorgenommen, und zwar durch die 1903 begründete „First Exploitation Co.", die über ein Nennkapital von 600 000 £ verfügte, ihre Rechte jedoch im Mai 1905 dem „Concessions Syndicate Ltd." übertrug. Von dem sich auf 100 000 £ belaufenden volleingezahlten Aktienkapital der letzteren waren 94 966 £ in Händen der „Burmah Oil Co. Ltd.", die 1907 ihren Geologen nach Persien entsandte, um Maïdan-i-Naphtun und Schardin zu untersuchen. 1908 gelang es an 2 Stellen in geringer Entfernung vom Karun Bohrungen niederzutreiben. Schon 1908 verteilte sie daher eine Dividende von 19%, die jedoch bis 1912 auf 5% sank.

* * *

[1]) Die näheren Bedingungen s. in dem englischen Konsularbericht; sie sind abgedruckt bei Schäfer S. 36.

Das Vordringen Englands im Süden, Rußlands im Norden des Landes ging im schnellsten Zeitmaß vor sich, seitdem in den Jahren 1905—1907 die Verständigung beider Mächte mit unverhohlener Spitze gegen Deutschland erfolgt war. Im Oktober 1905 meldete der belgische Gesandte in Berlin, Baron Greindl, an seine Regierung: „England verzichtet jetzt vollkommen auf Teilnahme an dem Schicksal der Türkei, deren Erhaltung so lange der Grundsatz seiner Politik gewesen war. Es könnte Rußland in Kleinasien freie Hand lassen. In seinen Augen würde eine solche Gruppenbildung außerdem den Vorzug haben, die Beziehungen zwischen Rußland und Deutschland zu trüben, und Deutschlands Vereinsamung ist augenblicklich das Hauptziel der englischen Politik."

Am 18./31. August 1907 kam es zu dem berüchtigten, auch in einem Teil der englischen Presse scharf angegriffenen Vertrage zwischen England und Rußland, der heuchlerisch versichert: beide Länder verpflichteten sich, „die Unteilbarkeit und Unabhängigkeit Persiens zu wahren und, da sie aufrichtig die Aufrechterhaltung der Ordnung in diesem Lande und seine friedliche Entwicklung wünschen, die ständige Gewährung gleicher Vorteile für den Handel und die Industrie aller Nationen anzuerkennen." Tatsächlich jedoch bedeutete der Vertrag nichts anderes als die Aufteilung des Landes, dem man seine Unteilbarkeit mit schönen Worten verbürgte.

Persien wurde dadurch in drei Gebiete zerlegt, dessen nördliches mit einem Flächeninhalt von etwa 790 000 Geviertkilometern dem russischen Einfluß zufiel; es beginnt östlich von Meschhed an der Grenze des transkaspischen Gebietes, läuft in gerader Linie südwestlich bis Jezd und wendet sich dann nach Nordosten über Isfahân, Chorremâbâd und Kermanschâh zur türkischen Grenze. Dagegen erhielt England, dem der Süden zufiel, nur 356 000 Geviertkilometer, also weniger als die Hälfte des Rußland zur Ausbeutung überlassenen Landgebietes. Allein die englische Strecke, die von der russischen bekanntlich durch eine neutrale Zone von etwa 499 000 Geviertkilometern [1]) getrennt

[1]) Die Gesamtgröße Persiens wird auf 1 645 000 Geviertkilometer angegeben.

werden sollte, ist bei weitem wertvoller. Sie erstreckt sich etwa von Toman-Agha westlich bis Bajistan und wendet sich dann in südlicher Richtung über Kirman nach Benderabbas am Persischen Golf.

Der eigentliche Sinn des Vertrages bestand für England darin, Rußland völlig aus dem Persischen Golf hinauszuwerfen. Die persischen Häfen fielen damit gänzlich in britische Hand. Freilich konnten noch Deutschland und Österreich, Frankreich und die Türkei ihre Interessen geltend machen. In dem Weltkriege 1914—17 schaltete England von ihnen die drei ihm feindlichen Mächte im Persischen Golf aus, so daß nur Frankreich übrig blieb; allein eben nur das bundesgenössische Frankreich, das von England außerhalb Europas jeden Befehl annehmen muß. Theoretisch nur erhebt es auf Grund eines 1862 geschlossenen Vertrages Anspruch auf die Küste von Omân. Wie erwähnt, war in dem Sultanat Oman eine Revolution ausgebrochen, in die sich sowohl England wie Frankreich einmischten. Der damalige Vizekönig von Indien, Lord Canning, bot den sich befehdenden Scheichs seine Vermittlung an, während Napolen III., der sich als Schutzgott der Türkei gebärdete, deren Ansprüche auf Arabien unterstützte. Da der Sultan 'Abdul-'Azîz Napoleons Hilfe anrief, entsandte dieser dorthin, zumal nach Oman, eine von Palgrave geführte Expedition. In England war man darüber außer sich und freute sich, alsbald einen Vertrag mit Frankreich schließen zu können, durch den sich beide Mächte verpflichteten, auf jeden territorialen Besitz in dem Imamat Oman zu verzichten.

Allein England verstand es, sich trotzdem durch einen neuen Vertrag eine der Bahrein-Inseln im südlichen Teile des Persischen Golfes abtreten zu lassen. Auch traf es im Norden des Golfes mit dem Scheïch von Quweït ein Abkommen, das ihm die Schutzherrschaft über dessen Gebiet sicherte. Von dessen kleinem Fürstentum, das südlich der Euphratmündung am Persischen Golfe liegt, war bisher noch niemals die Rede gewesen. Plötzlich entdeckte England, der Beschützer der „kleinen Nationen", daß dieser Sultan gar nicht der Türkei als Oberherrin unterstehe, sondern einen selbständigen Staat regiere, und führte nun ein politisches Possenspiel auf, das den gewünschten Erfolg hatte.

Zwar gelang es der türkischen Regierung, den Aufstand des Sultans, der 1906 mit freundlicher Beihilfe der englisch-indischen Regierung stattfand, durch Pertev-Pascha niederzuschlagen, der seine Ausbildung unter Haeseler erhalten hatte. Allein nunmehr erhob England seine Stimme und verlangte, nachdem es den Sultan von Kuweit mit Waffen und Munition unterstützt hatte, die Türkei müsse die „Unabhängigkeit" dieses Landes anerkennen. Der Grund lag einzig darin, daß auf dem Gebiete von Quweït der beste Hafen des Persischen Golfes liegt und daß dieser unter keinen Umständen von der „deutschen" Baghdâdbahn benutzt werden sollte.

* * *

Das Zarenreich hoffte wohl, gab es im Süden nach, im Norden Persiens mehr erreichen zu können.

1909 mischte es sich in die persischen Verfassungskämpfe gewaltsam ein. Am 26. April besetzte eine bedeutende Truppenmacht des Zaren Täbriz. Man rühmte sich, dadurch ein größeres Blutbad verhindert und die Wiedereröffnung der Stadt für den Handel erreicht zu haben. Zur selben Zeit rückten russische Truppen in Chorassân ein, wo sie ebenfalls ihre Wünsche mit Waffengewalt durchsetzten.

Wieweit sich Rußlands Hoffnungen im persischen Norden auf die Dauer bewahrheiteten, muß die Zukunft lehren. Vielleicht hat es in Anbetracht der Tatsache, daß sein Handel im Persischen Golf ganz unerheblich war, gar nicht so viel aus der Hand gegeben, indem es durch die Übereinkunft des Jahres 1907 die englischen Sonderinteressen am Persischen Golf anerkannte, die nach dessen Versicherung „das Ergebnis der Betätigung Großbritanniens in diesen Gewässern seit mehr als hundert Jahren" darstellten.

Auch darf nicht übersehen werden, daß nach diesem Vertrage die Ölfelder der „Burmah Oil Co. Ltd." zu dem neutralen Gebiet gehörten. Immerhin lautete die D'Arcy am 28. Mai 1901 erteilte Gerechtsame auf 60 Jahre, so daß hier ein Eindringen der Russen ebenso wie das einer andern Macht ausgeschlossen schien. Es konnte daher, als am 4. April 1909 die „Anglo Persian

Oil Co." ins Leben trat, mit aller Ruhe an die Ausbeutung dieser Rechte gegangen werden. Der Schlußstein wurde in das Gebäude eingefügt, als der englische Staat 1914 in die Gesellschaft als Hauptteilnehmer eintrat.

Es wird behauptet, Strathcona habe sich ein besonderes Verdienst erworben, indem er dafür sorgte, daß das Unternehmen fest in englischen Händen blieb — bis sich die britische Regierung durch den Vertrag vom 20. Mai 1914 einen maßgebenden Einfluß auf die Gesellschaft sicherte und ihr durch Beteiligung mit mehr als 2 000 000 £ ermöglichte, ihren Betrieb bedeutend zu erweitern und die Erdöl-Ausbeute unter sehr günstigen Bedingungen fast ganz an die englische Flotte abzusetzen.

*

Der Vertrag der englischen Regierung mit der Anglo Persian Oil Company ist mit dem Ankauf der Suezkanalaktien durch Disraeli 1876 verglichen worden. In beiden Fällen griff der Staat, alle Bedenken beiseite schiebend, mit großen Summen ein, um ein Unternehmen, das politisch auf die Weltinteressen des britischen Reiches Einfluß haben könnte und das zudem wirtschaftlich gute Erträge versprach, zwar nicht ganz in seinen Besitz zu bringen, sich aber (wie dies die nordamerikanischen Trusts zu tun pflegen) den maßgebenden Einfluß darin zu sichern.

Zwei Jahre vor dem Eintritt des englischen Staates in den Vertrag der Anglo Persian Oil Company erklärte Sir Edward Grey (10. Juli 1912) in einer großen Rede im Unterhaus: er wolle den Status quo am Persischen Golf wahren. Solche Erklärungen im Munde britischer Staatsmänner sind stets verdächtig. Auch im Mai 1906 war es ja nach englischer Auffassung der „Status quo" gewesen, der die Sinaihalbinsel durch einen heftigen Druck auf die Türkei in englischen Besitz brachte. Es genügte, mit einer Flottenkundgebung im Bosporus zu drohen, um die Pforte zu veranlassen, ihre Truppen an der Stelle, die England zu besetzen wünschte und die bisher als türkisches oder ägyptisches Gebiet gegolten hatte, zurückzuziehen.

1912 führte England genau dasselbe Spiel auf, diesmal an den Küsten des Persischen Golfes. Plötzlich entdeckte es, daß gewisse Küstenstriche dort, die man bisher auf der ganzen Welt als türkischen Besitz angesehen hatte, weder der Türkei noch Persien gehörten, sondern infolge der „besonderen Stellung am Golf", die Großbritannien zukomme, der Bestimmung des letzteren unterliege. Der persische Meerbusen sei „ein Teil der maritimen Grenze Indiens". Es wurde also die Theorie, England brauche für die militärische Sicherheit Indiens ein Festungsglacis, so weit ausgedehnt, daß man sogar die Küsten des Persischen Golfes hineinbeziehen konnte.

England hatte diesen Stoß seit Jahren vorbereitet. Die Türken sahen sich einmal gezwungen, öffentlich Einspruch zu erheben, weil englische Schiffe bei Vermessungen im Persischen Golf (in der Nähe der arabischen Küste und der Bahreïn-Inseln) die türkischen Hoheitsrechte nicht achteten. Die deutsche Bagdadbahn wurde durch England gewaltsam von dem Vordringen bis an den Persischen Golf zurückgehalten. Und um sich nicht die Eifersucht Rußlands auf den Hals zu ziehen, gewährte man diesem — im schroffsten Gegensatz zu der Politik, die England 100 Jahre lang getrieben — im Norden des unglücklichen Persien volle Handlungsfreiheit.

* * *

So kam es zu jener „Erdrosselungspolitik", der sich die persischen Vaterlandsfreunde vergeblich widersetzten, der aber sogar der auf Persiens Wohl bedachte Amerikaner Morgan Shuster, vom Mai 1911 bis Januar 1912 persischer Generalschatzmeister, weichen mußte. England und Rußland atmeten auf, als dieser fähige, energische und die Verhältnisse des Landes übersehende Mann gewaltsam von seinem Posten entfernt war. Die mit kräftigem Griff begonnenen inneren Reformen, die Persien vor der politischen und wirtschaftlichen Umklammerung durch die von Süden und Norden hervordringenden Eroberungsmächte hätten retten können, erhielten dadurch einen gefährlichen Stoß. War doch Shuster namentlich darauf bedacht gewesen, die Finanzen Persiens auf eigene Füße zu stellen. Die Nationalisten, denen es gelang, den Erlaß einer Verfassung und die Vertreibung Muhamed

Ali Schahs, eines Werkzeuges russischer Politik, durchzusetzen, erkannten deutlich die Notwendigkeit einer unabhängigen Finanzpolitik. 1910 machte Persien daher den Versuch, eine innere Anleihe aufzunehmen, um nur nicht in die Hände Rußlands oder Englands zu fallen. Allein der Versuch mißlang, und im Oktober 1910 mußte man doch auf das englische Angebot eingehen, das sich dafür die Zolleinnahmen am Persischen Golfe verpfänden ließ. Dann hoffte man durch Shuster aus der mißlichen Lage befreit zu werden. Allein Großbritannien und Rußland zwangen die persische Regierung, ihn zu entfernen, weil sie einen den Interessen Persiens dienenden Mann an dieser Stelle nicht gebrauchen konnten.

England hatte durch diese Maßnahmen die Hand so fest auf das unglückliche Persien gelegt, daß die Ausbeutung der dortigen Ölfelder nur als Krönung dieses sorgfältig geplanten Gebäudes erscheint. Rußland vermachte dem gleich große Erfolge nicht entgegenzustellen, obwohl es bis um das Jahr 1910 durchaus einen Vorsprung vor England besaß. Gelang es ihm doch schon im Jahre 1900, Persien eine Anleihe von $22^1/_2$ Millionen Rubeln aufzudrängen, die mit 5% verzinst und in 75 Jahren getilgt werden sollte. England beging damals einen großen Fehler: als die persische Regierung sich an britische Finanzkreise wandte, bei denen sie die Anleihe lieber aufgenommen hätte, weil sie das politische und militärische, finanzielle und wirtschaftliche Vordringen Rußlands noch mehr fürchtete, stellte man als Bedingung die Verpfändung der persischen Zolleinnahmen. Rußland war schlau genug, darauf zu verzichten, weil es damit rechnete, daß die Gewährung der Anleihe auf alle Fälle dazu führen müsse, Persien in die Hände des Geldgebers zu liefern. Tatsächlich erfolgte bereits 1902 eine abermalige Anleihe, diesmal von 12 Millionen Rubeln, durch die sich Persien noch mehr an das Zarenreich auslieferte. Die kluge Zurückhaltung in den Bedingungen der ersten Anleihe brachte schon vorher ihren Lohn: am 27. Oktober 1901 schloß Persien mit Rußland einen für letzteres sehr günstigen Zollvertrag, der den Wettbewerb des Auslandes kräftig hemmte und die wirtschaftliche Abhängigkeit des Landes von Rußland besiegelte.

Am 31. August 1907 folgte dann das Petersburger Abkommen, in welchem sich England mit dem Zarenreich über die Politik in Vorderasien einigte. Jetzt befand sich Persien in den Händen dieser beiden Mächte, die ihre Überlegenheit rücksichtslos ausnutzten, um das Land in ihre Abhängigkeit zu bringen. Die finanziellen Daumenschrauben, die ihm durch die erwähnten Anleihen angesetzt wurden, wirkten ganz nach Wunsch. Persien ist in seinen Einnahmen größtenteils auf Außenzölle angewiesen. Der europäische Krieg hat in dieser Beziehung die bösesten Folgen gehabt: da er das Land vom Weltverkehr beinahe gänzlich abschnitt, fielen die Zolleinnahmen so stark, daß an eine regelmäßige Zahlung der Anleihezinsen nicht mehr zu denken war. Der gemischte Finanzausschuß, der auf „Ersuchen" der persischen Regierung eingesetzt, d. h. der ihr von Rußland und England aufgenötigt wurde, ist ganz in den Händen der Berater, die von diesen Mächten in den Ausschuß entsandt sind. Dem Wunsche dieser Berater dürfte die persische Regierung auch nachgegeben haben, als Rußland sich im Norden in den letzten Monaten weiter so bedeutende Erdölgerechtsame erteilen ließ.

Die Gegenleistung Rußlands für England besteht darin, daß diesem im Südwesten und in Mesopotamien freie Hand gelassen wird. Treten doch selbst die von schrankenloser Eroberung beherrschten Politikerkreise im Zarenreich dafür ein, daß England Mesopotamien und Arabien, so weit es nur greifen kann, in die Tasche stecken darf. Einigen liberalen Blättern in England, wie dem „Manchester Guardian", bereitet es starke Verlegenheit, daß die liberalen russischen Freunde, an ihrer Spitze Miljukow, England so gänzlich freies Spiel lassen wollen — selbstverständlich unter der Bedingung, daß Rußland Nordpersien, Konstantinopel und einige andere Kleinigkeiten erhält.

14. Zukunftsaufgaben der Türkei.

Die Türkei wird sich im Bunde mit den Mittelmächten vor diesem Schicksal zu wahren wissen. Nicht nur politisch würde sie sonst schwere Gefahr laufen. Auch wirtschaftlich weiß sie jetzt, was auf dem Spiele steht. Empfindlicher Mangel an Brennstoffen hat sie im Kriege behindert. Er hat so gewaltige Preissteigerungen herbeigeführt, wie man sie früher niemals erlebt hatte. Gleichzeitig öffnete er der Regierung die Augen darüber, daß die Erdölschätze im türkischen Boden der Erschließung harren, und daß es ein unsinniger Zustand war, wenn bisher die Türkei ein gutes Absatzgebiet für fremdes Erdöl bildete. Der Hauptlieferer war Rußland; doch suchte die Standard Oil-Gesellschaft durch scharfen Kampf das russische Petroleum auf dem türkischen Markte zu verdrängen; auch galizische und rumänische Öle wurden eingeführt. Selbst in die unmittelbare Nachbarschaft des Persischen Golfes drang die Einfuhr fremder Öle vor und erlebte bis wenige Jahre vor dem Kriege noch eine Zunahme, da ein recht bedeutender Mangel herrschte; erst in den letzten Jahren wurde die Einfuhr durch das Öl der Anglo Persian Oil Company zurückgedrängt.

Entwickelt die türkische Regierung durch eine kluge Wirtschaftspolitik die mesopotamischen Ölfelder, so werden sie zunächst der Versorgung des Umlandes, weiter der übrigen Teile des türkischen Reiches zu dienen haben — falls nicht die Erzeugungs- und Beförderungskosten den Wettbewerb in den weiter entfernten Teilen (wie in Konstantinopel selbst) gegen das amerikanische, russische und rumänische Öl unmöglich machen. Im Zweistromlande und in Kleinasien wird die Türkei ferner mit dem Wettbewerb des englisch-persischen Öles zu rechnen haben — falls die Gerechtsame, wie zu fürchten ist, in den Händen der Anglo Persian Oil Company, d. h. des englischen Staates, bleibt. Jedenfalls ist Gelegenheit zum Absatz von Erdöl überreichlich vorhanden: für Beleuchtungs- und für Koch-Zwecke, für den Betrieb der Eisenbahnen und Flußschiffe, für Ozeandampfer und die Ausfuhr.

Vielleicht das Wichtigste ist die Heizöllieferung für die Eisenbahnen. Ihre Schienenstränge durchziehen sämtlich Gegenden, in denen Kohle nicht vorkommt. Die Frage der Versorgung mit nicht zu teurem Brennstoff hat für sie daher allergrößte Bedeutung. Als die Strecken der Baghdâdbahn festgelegt wurden, erfolgte deshalb eine genaue geologische Untersuchung, die den Ölfeldern besondere Aufmerksamkeit schenkte. Namentlich für die Zweiglinien nach Chaniqîn, Mendeli und Hît war man auf die Erschließung der Ölfelder bedacht, um das zu gewinnende Öl als Triebkraft für die Bahnen nutzbar zu machen. Das gleiche gilt für das Ölfeld von Gajâra am Tigris, das die Baghdâdbahn der Länge nach durchschneidet.

Übrigens ist mit Sicherheit anzunehmen, daß der türkische Boden noch an andern Stellen wichtige Erdöllager enthält. Es wäre bedauerlich, würde ihre Ausbeutung Gesellschaften übertragen, in denen der türkische Staat nicht die führende Rolle spielt. Am 9. Mai 1916 meldete Wolffs Telegraphenbureau aus Konstantinopel: Zeitungsmeldungen zufolge habe das Handelsministerium der Standard Oil Company die Ermächtigung erteilt, nach Petroleumquellen in Syrien zu suchen, wo ein bedeutendes erdölhaltiges Becken zu finden sei. Dort nehme eine einheimische Gesellschaft, unterstützt von fremdländischem, namentlich englischem, Kapital, bereits Bohrungen vor, insbesondere bei El Mokrim, 125 km von Ḥaifa. Die Arbeiten seien aber bei Kriegsausbruch eingestellt worden. Zweifellos wäre es für die Türkei das Gegebene, die reichen Erdölschätze ihres Bodens, zumal nach den gewaltigen Opfern dieses Krieges, für den eigenen Staat nutzbar zu machen.

Bedauerlich ist die bisherige Zurückhaltung des deutschen Großkapitals. Sowohl auf mexikanischem wie auf türkischem Gebiet machten wir die Erfahrung, daß das Kapital anderer Länder sich den Erdölgebieten wesentlich tatkräftiger zuwandte als das unsere. Ich erinnere daran, daß in Mexiko nicht lange vor dem Weltkriege der deutsche Gesandte v. Hintze sich im Norden das Recht der Ausbeutung weiter Erdölstrecken geben ließ, aber von den deutschen Kapitalistenkreisen im Stich gelassen wurde, so daß der Vertrag wieder zurückging. In Mesopotamien liefen die Dinge ähnlich. Die Deutsche Bank verzichtete auf Ausübung des Vorrechts auf die von der türkischen Zivilliste erworbene Gerechtsame zur Ausbeutung der mesopotamischen Ölfelder; 80% des Gewinnes sollten an die Deutsche Bank fließen, 10% an die Anatolische Eisenbahngesellschaft, 10% an die türkische Zivilliste. Freilich hatte der Studienausschuß, den die Deutsche Bank 1905 nach Mesopotamien zur Erforschung der Ölfelder entsandte, einen recht zurückhaltenden Bericht erstattet; er meinte, das Erdöl komme dort nicht in weit ausgedehnten Schichten wie in Baku vor, sondern nur in örtlichen Ausdehnungen von geringer Reichhaltigkeit.

Die Engländer und Amerikaner waren klüger. Erstere wußten sich, gestützt auf die ihrem Lande besonders freundliche Gesinnung des Großwesirs Kiamil, Vorrechte zu erwerben, mit denen die Deutsche Bank, als sie sich 1914 endlich doch noch zur Beteiligung an der Ausbeutung der mesopotamischen Felder entschloß, verhandeln mußte. Der Grund für den veränderten Entschluß der Bank war neben den in die Augen springenden Erfolgen der Anglo Persian Oil Company die Tatsache, daß der nordamerikanische Petroleumtrust mit aller Macht in Mesopotamien Fuß zu fassen suchte, um auch dort eigene Felder ausbeuten zu können. Wiederholt versuchte die Standard Oil Company, nachdem die alte türkische Regierung gestürzt war, diesen ihren Plan durchzusetzen. Zum Teil wurde er mit dem Mantel von Eisenbahnplänen im östlichen Anatolien bedeckt, wofür die Amerikaner anstatt der sonst geforderten Kilometergarantien das Recht zu erhalten wünschten, auf beiden Seiten der Bahn die Mineralschätze auszubeuten. Ein andermal traten die amerikanischen Wünsche noch offener zutage: man bot der Türkei 1913 während des Balkankrieges einen Vorschuß von 12½ Millionen Franken und eine jährliche Gewinnbeteiligung für das ausschließliche Monopol der Erdölgewinnung und des Erdölverkaufes an. Klugerweise lehnte die jungtürkische Regierung ab.

* * *

Das in Mesopotamien gewonnene Erdöl wird zunächst dem Verbrauch im Lande selbst und in Kleinasien zu dienen haben, vielleicht aber auch zur Ausfuhr in Betracht kommen. Wieweit es dafür den Wettbewerb mit dem persischen Erdöl aufnehmen kann, hängt von so vielen wirtschaftlichen, politischen und Verkehrs-Fragen ab, so daß sich heute darüber kein Urteil geben läßt. Gelingt es, der Türkei ein Stück Südpersiens zu verschaffen, so würde die Ausfuhrmöglichkeit bedeutend wachsen. Die Kriegsflotte, sowohl die der Türkei wie Deutschlands, aber auch ihre Handelsflotten könnten daraus Vorteil ziehen. Vorbedingung wäre die Anlegung von Rohrleitungen etwa nach Basra und nach Alexandrette. Daß die Ausfuhr von Petroleum auf dem Seewege weithin nach Osten möglich wäre, wurde bereits erwähnt.

Indessen werden dem Osmanischen Reich genügende Vorteile eben nur erwachsen, wenn es sich zur Einführung eines Monopols entschließt. Dabei mag die Frage offen bleiben, ob das zu schaffende Staatsmonopol sich nur auf den Verkauf oder auch auf die Gewinnung des Erdöls erstrecken sollte. Gegen das letztere spricht vor allem die finanzielle Unsicherheit, der die Bohrungen auf Petroleum ausgesetzt sind. In zweiter Linie ist auch die Schwerfälligkeit staatlichen Betriebes ein Hindernis. Weniger Bedenken hat die Einführung eines Verkaufsmonopols etwa in der Form eines Steuermonopols. Bisher wurde das Osmanische Reich mit Leuchtöl beinahe ganz vom Auslande versorgt. Neben Rußland und den Vereinigten Staaten war Rumänien daran beteiligt. Der Jahresverbrauch belief sich auf etwa 135 000 t, so daß nicht unerhebliche Summen dafür ins Ausland flossen.

Schäfer empfiehlt dringend ein Monopol, das den Einkauf vollständig, den Verkauf in beschränktem Maße erfassen sollte: „Als Musterbeispiel empfehlen wir hierfür das serbische Petroleummonopol, während das griechische Petroleummonopol als abschreckendes Beispiel anzusehen ist. In Serbien übernahm die staatliche Monopolverwaltung den ganzen Einkauf, dagegen nur den Verkauf im großen, wofür sie einen sehr stabilen Großhandelspreis festsetzte. Dem Wiederverkäufer an die Kleinverkäufer dagegen und dem Detaillisten selbst ließ sie vollständige Bewegungsfreiheit; er konnte sich daher den lokalen Bedürfnissen seiner Kunden vollkommen anpassen, und der Preisaufschlag — 10—25 Centimes pro Liter — auf den von der Monopolverwaltung festgesetzten Großverkaufspreis (in Belgrad etwa 0,55 Frank pro Liter) richtete sich danach, ob er für eine größere Stadt mit einem Petroleumdepot oder für das Innere des Landes galt, wo besondere Transportkosten hinzukamen. Auf jeden Fall bewegte er sich infolge des freien Wettbewerbes in vernünftigen Grenzen, so daß, im Gegensatz zu Griechenland, ein Steigen des

Petroleumkonsums im Zusammenhang mit der Bevölkerungsvermehrung festzustellen war [1])."

Ob nun die Einführung des Petroleummonopols in der einen oder andern Form erfolgen sollte — entscheidend ist die Einsicht und der Wille, ihr zu folgen. Die Staatsfinanzen werden dadurch nicht nur unmittelbar berührt. Vielmehr wäre es für die Türkei von ausschlaggebender Bedeutung, die Erdölschätze ihres Bodens der Volkswirtschaft nutzbar zu machen. Die Versorgung der Bevölkerung mit Leuchtöl und Benzin, die Lieferung von Heizöl an Eisenbahnen und Flußdampfer bilden nur eine Seite der Aufgabe. Man wird weiter die Aufschließung des Landes durch neue Verkehrsmittel gar nicht hoch genug veranschlagen dürfen. Was würde es allein bedeuten, wenn von der Bagdadbahn aus, ist sie erst fertiggestellt, Zweiglinien in die für den Baumwoll- oder Weizen-Anbau geeigneten Gebiete vorstießen und durch billige Güterverkehrsätze der Anschluß an die Weltwirtschaft erfolgte!

Selbst der Gedanke der Anlage einer Rohrleitung von den mesopotamischen Ölfeldern bis an das Mittelmeer scheint nicht zu kühn. Die aufgewandten Kosten, so groß sie sicherlich sind, werden sich ohne Zweifel schon nach wenigen Jahren belohnen — zumal wenn die Frage der Rentabilität nicht nur kurzsichtig auf die unmittelbare Verzinsung und Tilgung, sondern weiter hinaus darauf zugeschnitten wird, welche Befruchtung der verschiedensten Zweige der Volkswirtschaft sich dadurch ergeben muß. Das gleiche gilt für die Schiffbarmachung des Tigris bis Môṣul. Denkt man daran, das Zweistromland für Getreide- und Baumwollbau aufzuschließen und damit in den Haushalt der türkischen Volkswirtschaft ein gewaltiges Mehr einzustellen, so läßt sich dies ohne Baghdâdbahn und ohne Tigrisschiffahrt nicht erzielen; beide aber sind auf die Erschließung der Erdölfelder Mesopotamiens durch den Bau entsprechender Anschlußlinien angewiesen. Und auch der Betrieb der Landwirtschaft ist mehr oder weniger von der Lieferung billigen Erdöls abhängig. Die Niederschlagsmengen des Zweistromlandes reichen für den Betrieb der

[1]) Siehe auch die weiteren Ausführungen Schäfers S. 61—63.

Landwirtschaft heute ebensowenig aus wie vor Jahrtausenden; man ist also zur Bewässerung gezwungen; will man diese nicht durch die kostspielige und in diesem bevölkerungsarmen Lande bei weitem nicht genügend vorhandene Menschenkraft versuchen, so muß man Motorpumpen verwenden, die sich nicht nur in erdölreichen Ländern am besten mit Petroleum treiben lassen.

Der Menschenmangel Mesopotamiens dürfte sich auch der schnellen Entwicklung der Erdölfelder als Hindernis entgegenstellen. Ohne Heranziehung ausländischer Arbeiter wird sie daher kaum möglich sein. Nicht einmal ungelernte Arbeiter sind genügend vorhanden. Die Türkei wird also gezwungen sein, die Einwanderung anzuregen. Gemäß den Grundsätzen des Osmanischen Reiches wird man Gewicht darauf legen, möglichst viele Mohammedaner ins Land zu ziehen. Quellen dafür sind außerhalb des Türkischen Reiches genügend vorhanden. Man denke nur an die große Auswanderungslust der Inder, die sich trotz allen hemmenden Bestimmungen der britischen Kolonien kaum eindämmen ließ. Aus Südafrika, aus Kanada, aus Australien versucht man die Hindus fernzuhalten; kommen sie dennoch ins Land, so unterwirft man sie einer so verächtlichen Behandlung, daß ihnen die Wiederkehr verleidet wird. Viele unter ihnen werden es daher vorziehen, bietet sich ihnen die Möglichkeit der Auswanderung in türkisches Gebiet und guten Verdienstes dort, in diesen mohammedanischen Staat überzusiedeln. Schon nach dem Balkankriege floß ein Zustrom von Einwanderern aus Indien nach Baghdâd, denen sich solche aus Persien und Daghestan anschlossen. Ferner ließe sich wohl die Auswanderung von Mohammedanern aus Rußland anregen. In den kaukasischen Ölfeldern sind zahlreiche Mohammedaner, auch als gelernte Arbeiter, beschäftigt.

* * *

Von welcher Seite man die Frage betrachten mag: es stellt sich die Aufschließung der Erdölfelder des Zweistromlandes für die Volkswirtschaft und für den Staatshaushalt des Türkischen Reiches als eine Notwendigkeit allerersten Ranges dar. So wenig die mesopotamischen Ölgebiete bisher geologisch erforscht wurden, so ist doch das eine sicher, daß es sich um sehr ergiebige und höchst aussichtsreiche Vorkommen handelt, die, täuscht nicht alles, nach Erschließung durch die heutige Technik und durch kapitalkräftige Unternehmungen schon nach wenigen Jahren bedeutenden Gewinn bringen müssen.

Hoffen wir, daß sich deutscher Unternehmungsgeist daran in besonderem Maße beteiligen wird. Wie sehr wir für unsere eigene Erdölversorgung wünschen müßten, von dem russischen wie vom amerikanischen, aber auch von dem rumänischen Petroleum unabhängig zu werden, bedarf keiner Begründung. Gelingt es, die mesopotamischen Ölfelder durch eine Rohrleitung mit Weltmeer und Weltwirtschaft zu verbinden — besser noch durch deren zwei, von denen die eine den Anschluß an den Persischen Golf, die andere an das Mittelmeer herstellen würde —, so könnte unsere Schiffahrt durch Tankdampfer die Ausfuhr mesopotamischen Erdöls im Dienste des türkischen Wirtschaftsdienstes vollziehen und uns zugleich selbst mit dem erwünschten Öle versorgen.

Vor dem Kriege gelang es Deutschland nicht, sich im türkischen Wirtschaftsleben eine seiner Bedeutung zukommende Stellung zu verschaffen. Vielmehr blieb England damals in seinem Bestreben, Deutschland weit vom Persischen Golf abzuschieben, beinahe auf der ganzen Linie Sieger. Vor allem setzte England es durch, daß die Bagdadbahn bei Basra enden und von dort auf die Schiffahrt auf dem Schatt-el-'Arab angewiesen sein sollte, die durch Versandung und durch eine dem Hafen vorliegende Barre stark behindert ist. Weiter gelang es ihm, bei den Verhandlungen mit der Türkei über die Erteilung einer Gerechtsame zur Ausbeutung der mesopotamischen Ölfelder trotz dem älteren Vertrage der Deutschen Bank zu erzwingen, daß an dem zu begründenden Syndikat — der „Turkish Petroleum Company" — englisches Kapital mit 50%, dagegen deutsches und holländisches nur mit je 25% beteiligt sein sollte. Glücklicherweise wurde die endgültige Konzession damals noch nicht erteilt, jedenfalls der Vertrag inzwischen vom türkischen Parlament nicht genehmigt. Auch der sogenannte „Baghdâdfriede" des Jahres 1914, der die schärfsten Gegensätze aus der Welt schaffen sollte, änderte daran nichts — durch den Ausbruch des Weltkrieges ward er zertrümmert.

Wenn englische Truppen am 21. November 1914 Basra besetzten, dann bis Baghdâd vorrückten, nach dem Rückschlage bei Ktesiphon im November 1915 und der Gefangennahme des Townshendschen Heeres in Kût-el-Amâra Anfang 1916 ein Jahr darauf trotzdem bis Baghdâd vorstießen, ja Ende 1917 nördlich im mittleren Mesopotamien sich bis Tekrît am Tigris und westlich bis Ramâdi am Euphrat vorschoben, so zeigte dies deutlich, welch entscheidenden Wert Großbritannien diesen Gebieten beimißt. Im Frieden darf England also nicht im Besitz dieser Landstrecken bleiben. Dadurch würde die Bagdadbahn zum Krüppel werden, sie würde in eine Sackgasse laufen, aus der es keinen Ausweg zum Meere gibt — falls sie sich nicht entschließt, sich ganz in britische Hand zu begeben. Zudem aber würde die Türkei dadurch so bösartig verstümmelt werden, daß sie auf eine kräftige Erholung nie mehr hoffen könnte.

Daß die Engländer auch im Kriege das Ziel der Ausbeutung Mesopotamiens nicht aus dem Auge verloren, zeigt die Tatsache, daß sie in Basra, welches sie am 21. November 1914 besetzten, Ende 1915 eine Zweigstelle der „Eastern Bank" gründeten, die zu der indischen Regierung in den engsten Beziehungen steht.

Auch gebar der britische Kapitalmarkt mitten im Kriege neue Ausbeutungsgesellschaften für das Zweistromland. Um die Mitte des Jahres 1916 wurde in London ins Handelsregister eine „Persian Gulf and Mesopotamia Development Company, Limited" eingetragen, deren Kapital aus 50 000 Aktien zu je 1 £, die Hälfte darunter Vorzugsaktien, besteht. Die Gesellschaft steckt sich sehr weite Ziele: sie will — wobei das geringe Anfangskapital allerdings auffällig ist — in Kleinasien und Mesopotamien Eisenbahnen und Straßenbahnen, Schiffe, Dock- und Werft-Anlagen erwerben und betreiben, elektrische Kraftwerke errichten, Bank- und Handelsgeschäfte betreiben und vieles andere mehr.

Schon seit längerer Zeit stehen die beiden einzigen Häfen der Omanküste und des Persischen Golfes, die gutes Fahrwasser besitzen und durch hohe Felsen gegen Stürme geschützt sind, unter tatsächlicher englischer Oberhoheit. Freilich ist, um Maskat ganz in seine Hände zu bringen, noch eine Übereinkunft mit Frankreich nötig. Allein diesem sind die Hände gebunden; wohl oder übel wird es zustimmen müssen. Schon seit Jahren unterhält England in Maskat einen Konsul, der mit allem Pomp auftritt, in einem prachtvollen Hause wohnt und ein weit höheres Gehalt bezieht als die Konsuln der meisten andern Staaten im Morgenlande. Kennzeichnenderweise gehört dieser Konsul zu der Beamtenschaft Englisch-Ostindiens und untersteht der dortigen Regierung. Zudem bekleidet er nebenbei das Amt eines „politischen Agenten", wie dies für die britischen Beamten im Morgenlande üblich ist.

An die englischen Konsulate zu beiden Seiten des Persischen Golfes sind ferner Post und Telegraph, Krankenhaus- und Quarantäne-Stationen angegliedert, deren Schutz einer Abteilung Sipoys unter Führung eines Offiziers anvertraut ist. Außerdem liegen stets auf der Reede ein paar Kriegsschiffe, die dem Konsul zur Verfügung stehen.

Offenkundig verfolgt England also den Zweck, den Persischen Golf zur Vorhalle Indiens zu machen. An der Nordwestküste Indiens unterhält es in Karatschi, dessen Hafen treffliche Ankerplätze bietet, ein Dock für Schiffsausbesserungen, eine Waffenniederlage, Werkstätten und alle möglichen Hafenanlagen. Im Weltkriege war Karatschi der Ausgangspunkt für die indischen Truppen- und Kriegsgerätsendungen zumal für den mesopotamischen Kriegsschauplatz. Gelingt es England, auch Maskat und Quweït dauern in seine Hand zu bringen, so wird der Persische Golf zum britischen Binnenmeer, und es ist nicht nur dauernd um die Selbständigkeit des südlichen Persien, sondern auch um Mesopotamien geschehen — auch wenn dieses im Friedensschluß wieder der Türkei zugesprochen wird.

Im Hintergrunde der britischen Pläne standen sicherlich neben den politischen Eroberungs- und „Abrundungs"wünschen auch die mesopotamischen Erdölfelder. Will man auch nicht so weit gehen wie der „Economist" vom 11. Dezember 1915, der die Beteiligung des englischen Staates an der „Anglo Persian Oil Co." bemängelte, ja sogar behauptete, die „unglückliche" mesopotamische Expedition sei vornehmlich zum Schutze dieser Ölfelder unternommen worden, so steht doch außer Frage, daß die wirtschaftlichen Möglichkeiten des Landes die Blicke der englischen Staatsmänner gebannt haben. Im Kriege allerdings traten wohl die politischen Zwecke in den Vordergrund. England braucht außer den deutschen Kolonien, die es in schwerem Kampfe durch gewaltige Übermacht eroberte, noch ein anderes Faustpfand, um es im Friedensschluß gegen die belgische Frage auszuspielen. Dazu ist Mesopotamien gut. Könnte es die Gelegenheit benutzen, das Zweistromland nicht wieder herauszugeben, sondern den Euphrat zur Grenze Indiens zu machen, so wäre ihm dies freilich noch erwünschter. So kann man es verstehen, wenn der Direktor C. Greenway der Anglo Persian Oil Co. auf der Hauptversammlung in London am 8. Januar 1917 das Unternehmen seiner Gesellschaft als „eine Angelegenheit der höchsten reichspolitischen Bedeutung für die Regierung (a matter of the highest Imperial importance for the Government)" bezeichnete.

Bleibt England im Besitze Mesopotamiens, so würden dessen Ölfelder einstweilen vermutlich zur Unfruchtbarkeit bestimmt werden. Da es die persischen Ölfelder in Händen hält, so hat es kein Interesse daran, auch die mesopotamischen zu entwickeln und sich damit selbst Wettbewerb zu machen. Recht lehrreich war dafür die Sitzung des englischen Unterhauses vom 29. Juni 1914.

* * *

Was die englische Gefahr für die Türkei bedeutet, ist mittlerweile wohl allen Osmanen in Fleisch und Blut übergegangen. Hoffen wir, daß es noch während des Krieges oder mindestens durch die Friedensverhandlungen gelingt, England aus den von ihm besetzten Teilen des Zweistromlandes wieder zu entfernen. Freilich ist anzunehmen, daß es mit Zähigkeit versuchen wird, das hier Errungene im militärischen wie im diplomatischen Kampfe zu behaupten. Denn es ist keine Frage, daß die umstrittenen Gebiete wirtschaftlich, von ihrer politischen Bedeutung ganz zu schweigen, in Zukunft ungemein bedeutsam werden können. Wer die Möglichkeit hat, sie zum Anbau von Getreide und Baumwolle sowie zur Gewinnung des im Boden schlummernden Erdöls zu benutzen, hat einen Reichtum von Milliarden in der Hand. Behält die Türkei diese Gebiete, was wir dringend wünschen und wofür wir beim Friedensschluß nötigenfalls Opfer an anderer Stelle — natürlich gegen Sicherheiten für unsere wirtschaftliche Vorzugsstellung in Mesopotamien — bringen müssen, so hat dieser Staat es in der Hand, seine Finanzen allein schon durch Einführung des Petroleummonopols oder auch einer Petroleumabgabe wirksam zu stärken.

Zu wünschen ist, daß die Erdölausbeutung auf türkischem Gebiete weder dem englischen noch dem amerikanischen Kapital überlassen bleibt, sondern im eigensten türkischen Interesse am besten als Staatsunternehmen erfolgt, das der Türkei dauernd die daraus fließenden Erträge sichert. Deutsche Tatkraft kann sich trotzdem an solcher Erschließung beteiligen. Denn dazu bedarf es einer Menge von Lieferungen aller Art (Maschinen, Rohrleitungen usw.), vor allem aber einer beträchtlichen Summe technischen Könnens. Wo immer auch im türkischen Reiche Bohrtürme errichtet werden — wie letzthin in der Nähe des Toten Meeres durch die Standard Oil Company —, wo immer man Straßen oder Eisenbahnen in die Ölfelder vortreibt, wo immer Motoren für Schiffahrt und Eisenbahn, Bewässerungs- und andere Zwecke nötig sind, mag Deutschland zeigen, was es leisten kann.

*

Der Persische Meerbusen ist etwa 240 000 Geviertkilometer groß, mithin etwa halb so groß wie die Ostsee. Seine Gestalt ähnelt der des Adriatischen Meeres, das rund 100 000 Geviertkilometer kleiner ist. Beide Meere streichen vom Nordwesten nach Südosten; ihre Küste ist im Nordosten von einem hohen, mauerartigen Faltengebirge begleitet. Beide haben — die Adria freilich in geringerem Maße — im Südwesten eine niedrige Tafellandküste. Das wirtschaftliche Schwergewicht beider Meere liegt im Norden: für das Adriatische Meer bei Venedig und Triest, für den Persischen Golf am Schatt-el-Arab und an der Karûnmündung. Beide sind im Süden bis auf 40—50 km zusammengeschnürt; wie die Straße von Otranto—Valona die

Ufer auf 40—50 km nähert, so geschieht dies im Persischen Golf in der Straße von Ormuz.

Dieser äußeren Ähnlichkeit entspricht eine politische. In den Zukunftsabsichten der Völker spielt die Offenhaltung oder Schließung beider Meere eine bedeutende Rolle. Auch die Offenhaltung der Zugangsstraßen (jener Abschnürungsstellen) ist ein Kampfziel.

Gelingt es Großbritannien, den Persischen Golf tatsächlich zu einem englischen Binnenmeer zu machen, so würden die politischen, die Verkehrsverhältnisse und die Handelsbedingungen in diesem Teile der Welt auf lange Zeit hinaus eine für alle übrigen Völker bedenkliche Richtung nehmen. Nicht nur Persien auf der einen Seite und Arabien auf der andern, auch Mesopotamien und wahrscheinlich Palästina würden zunächst unter englische Vormundschaft, weiter ganz unter britische Herrschaft geraten. Die Bagdadbahn, die nach ihrer Vollendung bis Basra oder Kuweit eine Abkürzung des Weges nach Indien gegenüber der Benutzung der Suezstraße um 2—3 Tage ermöglichen kann, würde statt einer Befreiung der Türkei aus der britischen Umklammerung ihre Knechtung für diesen Herrn herbeiführen. Gelingt es also nicht, die Meeresfreiheit auch im Persischen Golf (wie in der Adria) durchzusetzen, so verliert nicht nur das Osmanische Reich die zukunftsreichen Gebiete Mesopotamiens, nicht nur werden Arabien und Persien der englischen Herrschaft ausgeliefert, sondern die gesamten Welthandelsverhältnisse erhielten damit eine bedauerliche Wendung.

Urteile über „Das Wirtschaftsleben der Türkei", Bd. I.

Deutsche Levantezeitung, 16. Oktober 1916.

Das Werk enthält in allen Teilen außerordentlich wichtiges, sachliches Material und bildet eine Fundgrube für jedermann, der sich ernstlich mit den wirtschaftlichen Verhältnissen im Osmanenreich befassen will.

Wirtschaftliche Kriegsberichte, 1. November 1916.

Wie von der Bundesgenossenschaft mit England allen kriegführenden Staaten mit Ausnahme von Japan Niedergang und Verderben entsprungen ist, so scheint die Bundesgenossenschaft mit dem Deutschen Reich ihren Trägern zum Segen auszuschlagen. Diese Zuversicht erstreckt sich nicht nur auf kriegerische Erfolge in Angriff und Abwehr, in Landgewinn und Ländererhaltung, sondern auch auf die spätere wirtschaftliche Entwicklung. Die Erneuerung und Verjüngung der Türkei als Staatswesen und Wirtschaftsgebiet ist dabei eine Aussicht von besonderer Bedeutung, und mit echt deutscher Gründlichkeit arbeiten schon jetzt Gelehrte und andere Fachmänner an der Verwirklichung dieses Plans in großzügiger, umfassender Form. Ein Baustein dafür verspricht eine neue Folge von Schriften zu werden, die von der Deutschen Vorderasien-Gesellschaft unter dem Titel „Das Wirtschaftsleben der Türkei" eröffnet worden ist .... Für die späteren Bände dieser so erfreulich begonnenen Abhandlungen werden Aufsätze über die Land- und Seewege zum nahen Orient, über die Verkehrsstraßen im türkischen Vorderasien, über eine Organisation der Witterungskunde in der Türkei, über ihre Waldungen und über andere Fragen volkswirtschaftlicher Art angekündigt.

Rheinisch-Westfälische Zeitung, 5. November 1916.

Die sehr lesenswerte Schrift zerfällt in drei von fachmännischer Feder verfaßte Abhandlungen: F. Frech, Mineralschätze und Bergbau in der asiatischen Türkei, A. Hänig, Statistische Daten und Tabellen über die Minen der Türkei, A. Sack, Ackerbau und Viehzucht. Diese Stoffgebiete sind erschöpfend und klar und übersichtlich dargestellt, ein reichliches Zahlenmaterial ist zusammengetragen und eine gute ausgeführte Karte unterstützt die Lektüre. Im Vorwort berichtet Dr. Grothe insbesondere über Zweck und Ziele der Deutschen Vorderasien-Gesellschaft.

Der Reichsbote, 14. November 1916.

Der hier neu vorgelegte Band bringt sehr wichtigen Stoff für ernsthafte Interessen am türkischen Wirtschaftsleben, nicht Meinungen, sondern grundlegende Wirtschaftstatsachen, die mit Sorgfalt und Mühe zusammengestellt worden sind. Sehr dankenswert ist auch die Übersichtskarte. Das Werk ist eine Fundgrube wichtigster Wirtschaftsangaben über die Türkei.

Deutsche Landwirtschaftliche Presse, 8. November 1916.

Um sich über die Rolle zu unterrichten, die die Türkei mit ihren vielfältigen und reichen Erzeugnissen in Zukunft in der Weltwirtschaft zu spielen hat, namentlich auch im Anschluß an unsre eigene Wirtschaft, tritt das Deutsche Vorderasien-Institut der Deutschen Vorderasien-Gesellschaft an die Herausgabe des im ersten Bande vorliegenden Sammelwerkes heran. Eine derartige Untersuchung über Vergangenheit, Gegenwart und Entwicklungsmöglichkeiten der türkischen Wirtschaft ist um so mehr zu begrüßen, als bisher in der Forschungsliteratur die in Betracht kommenden Gesichtspunkte wohl mannigfach gestreift, aber niemals systematisch behandelt worden sind.

Vossische Zeitung, 3. Januar 1917.

. . . . Der erste Band bringt eine Fülle brauchbaren und gut verarbeiteten Materials, das zum Teil aus der mannigfachen und stark zersplitterten Literatur übersichtlich zusammengetragen ist, zum Teil aber auch eigenen Forschungen der Autoren entstammt . . . . . Arbeit winkt für die Zukunft in der Türkei in Hülle und Fülle. Die Männer, die schon heute Material für die rechtzeitige Inangriffnahme all der notwendigen großen Reformen sammeln, erweisen der Türkei und damit auch Deutschland keinen schlechten Kriegsdienst.

Kölnische Zeitung, 30. September 1917.

Die Deutsche Vorderasien-Gesellschaft hat in den Kreis ihrer Veröffentlichungen auch eine Studienreihe: „Das Wirtschaftsleben der Türkei" aufgenommen, von der bis jetzt der erste Band vorliegt. In der Einführung betont der Herausgeber mit Recht, daß vielen der literarischen Erscheinungen über die Türkei, namentlich über ihre wirtschaftlichen Kräfte, Sachkenntnis und Gründlichkeit fern sind. Wir haben wiederholt Anlaß gehabt, auf diesen Punkt hinzuweisen, weil darin eine große Gefahr liegt. Es werden Anschauungen und Urteile verbreitet, die auf fernerstehende Kreise einen schädlichen Einfluß ausüben, weil sie den Tatsachen nicht entsprechen und einen Optimismus fördern, der nur mit Enttäuschungen endigen kann. Kritik und sachgemäße, wahrheitsgetreue Darstellung sind die Vorbedingungen für erfolgreiche Arbeit. Geh. Bergrat Prof. Dr. Frech, dem eine langjährige und eingehende Kenntnis des Landes zu Gebote steht, behandelt Mineralschätze und Bergbau in der asiatischen Türkei. Er gibt eine kurze, die Mineralvorkommen berücksichtigende Übersicht über die Erdgeschichte und den Gebirgsbau Anatoliens, behandelt dann die Erzvorkommen im westlichen und mittlern Kleinasien sowie am Pontus, die Richterze verschiedener Art, das Erdöl Mesopotamiens, die Braunkohle und Steinkohle, und schließt nach einer Zusammenfassung mit einem Ausblick in die Zukunft. Die Frechsche Arbeit wird durch A. Hänig ergänzt, der statistische Daten und Tabellen über die Minen der Türkei zusammengetragen hat. Hier finden natürlich dauernd Veränderungen statt, die aber den Wert der Übersicht nicht beeinträchtigen. Man muß freilich an alle diese Darstellungen doch den Rat knüpfen, sich nicht vorschnell an Unternehmungen zur Ausbeute von Mineralvorkommen in der Türkei zu machen. Zweifellos bietet sich dort noch ein weites Gebiet der Tätigkeit, es auszunutzen, erfordert jedoch große Vorsicht. Ackerbau und Viehzucht, die Hauptzweige der türkischen Landwirtschaft, schildert auf Grund eines reichen Materials A. Sack. Man kann den Schlußfolgerungen, die er zieht, durchweg zustimmen. Sie zeigen vor allem, daß der Verfasser sich nicht durch heimische Gewohnheiten und Überlieferungen den Blick trüben läßt und nicht geneigt ist, deutsche Einrichtungen unbesehen auf orientalische Verhältnisse zu übertragen, wie das leider in vielen der neuerdings erschienenen Schriften geschieht. Für die Deutschen, die sich daran beteiligen wollen, ist Sack ein zuverlässiger Führer, weil er nur mit Tatsachen rechnet, mit den Dingen, wie sie sind, nicht mit den Wünschen begeisterter Optimisten, die sich bei einem Mißlingen dann zu Schwarzsehern verwandeln.

Dr. v. d. Rahmer.

Neue Freie Presse, Wien, 2. Oktober 1917.

Das Bedürfnis, wissenschaftlich gesichtetes und zuverlässiges Material über die wirtschaftlichen Hilfsquellen der Türkei zu erhalten, ist bei der für eine Erschließung ihrer Länder immer stärker sich ergebenden Notwendigkeit erheblich gewachsen. Dem kommt eine Studienreihe „Das Wirtschaftsleben der Türkei, Beiträge zur Weltwirtschaft und Staatenkunde" entgegen, die im Auftrage der rührigen „Deutschen Vorderasien-Gesellschaft, Leipzig — auch ihre Schriftensammlung „Länder und Völker der Türkei" verdient Anerkennung — vom Privatdozenten Doktor Hugo Grothe herausgegeben wird. Der Herausgeber bringt vermöge seiner langjährigen Beschäftigung mit der Welt des Orients als Forschungsreisender, Geograph und Volkswirtschaftler alle Eigenschaften mit, um eine solche begrüßenswerte Sammlung erfolgreich durchführen zu können. Dieselbe verfolgt außer rein gelehrten Absichten gut gesehene praktische Ziele und verspricht ein treffliches Handbuch zur Wirtschaftsgeographie der Türkei zu werden. Band I beschäftigt sich mit Bergbau, Münenwesen, Ackerbau und Viehzucht der Türkei und schafft wichtige Grundlagen zur Beurteilung der Werte dieser zukunftsreichen Hilfsquellen des Osmanischen Reiches, ohne sich in kritiklosen Optimismus zu verlieren.

Zeitschrift „Stahl und Eisen", 1917, Nr. 38.

Die politische Entwicklung bringt es mit sich, daß von allen außereuropäischen Ländern besonders der nahe, islamische Osten Gegenstand weltwirtschaftlicher Erwartungen und wissenschaftlicher Arbeit in Deutschland ist. Der größte Teil der Tatkraft und Forschungsluft, der früher neben der Türkei dem übrigen Asien und den anderen Erdteilen gehört hat, richtet sich wenigstens vorläufig mit gesammelter Stärke fast ausschließlich auf Vorderasien. Mit dem Fleiße, der Gründlichkeit, dem Reform- und Organisationseifer, die Merkmale des deutschen Wesens und der deutschen Wissenschaft sind, werden von zahlreichen Stellen aus diese Länder durchforscht.

Hugo Grothes Bemühungen reichen über die Anfänge des Krieges zurück. Bereits im Jahre 1905 wurde die Deutsche Vorderasien-Gesellschaft gegründet, deren Vorsitzender er ist. Von seinen „Beiträgen zur Kenntnis des Orients" sind seit 1901 dreizehn Bände erschienen zugleich mit einer Reihe anderer Veröffentlichungen seiner Gesellschaft, die in Form von Abhandlungen, Zeitschriften, Flugschriften und Sonderheften alle dem Verständnis für die Türkei dienen sollen.

Die Bemühungen Grothes, die nicht erst von heute und gestern stammen, und die dahin zielen, durch vielseitige und anregende Behandlung der zahlreichen Fragen orientalischer Wirtschaft immer wieder von neuem unsere Aufmerksamkeit und Tatenlust auf Vorderasien zu lenken, verdienen dankbare Beachtung und rege Unterstützung.

„Balkan-Revue", April 1917.

Den ersten Band der neuen Schriftenfolge lege ich mit aufrichtiger Befriedigung aus der Hand. Hier ist endlich einmal ein Anfang gemacht mit einer rein sachlichen Beurteilung der für uns so wichtigen Wirtschaftsverhältnisse Kleinasiens, frei vom falschen Optimismus sogenannter Orientkenner, die Kleinasien „bereist" haben, weil sie mal mit der Bahn von Haidarpascha bis Konia oder Angora, vielleicht sogar bis Aleppo gereist sind, die in der „neuen Türkei" das gelobte Land sehen, in welchem sich das Deutsche Reich einzig und allein nach dem Kriege zu betätigen haben wird, aus dem es alle notwendigen Naturprodukte beziehen und in welchem es endlich den Überschuß seiner Industrieprodukte wird absetzen können. Der vorliegende Band zeigt zweifellos alles Gute, das uns Anatolien zunächst auf dem Gebiete des Bergbaues und auf dem Gebiete der Landwirtschaft wird bieten können. Er beweist uns auch, daß — gesunde politische Entwicklung vorausgesetzt — wir aus Anatoliens „Aufschließung" so manches erwarten können, was dem Reich zugute kommt.

Schmollers Jahrbuch, 41, I.

In dem Augenblick, da die Staaten des Zentralbundes im Begriffe stehen, auch wirtschaftlich eng aneinanderzurücken, ihre Interessen zu vereinheitlichen und sich über die zu gewährenden und zu gewärtigenden Zugeständnisse auseinanderzusetzen, kommt das vorliegende Buch wie gerufen. Denn in immer häufigeren Fällen wird man in die Lage kommen, zuverlässige Aufschlüsse über die einzelnen beteiligten Staaten zu suchen. Was nun bezüglich der Großmächte dank ihrer weit zurückreichenden und ausgiebigen wirtschaftlichen Literatur und gut ausgebauten Statistik ein leichtes ist, bietet bei den anderen Partnern gewisse Schwierigkeiten, die teils in der Unzugänglichkeit ihrer Sprachen, teils in der Unzugänglichkeit des überhaupt beschafften Materials begründet ist. Jedem, der zu irgendwelchen wirtschaftlichen Aufgaben nach dem näheren Orient geht, sei das Buch aufs wärmste empfohlen. Er wird ihm manchen guten Leitsatz für sein allgemeines Verständnis, aber auch manchen wertvollen Fingerzeig in vielen praktischen Fragen verdanken.

Österreichische Agrar-Zeitung, 11. November 1916.

An einer auf die Jetztzeit begründeten Darstellung der türkischen Wirtschaftsverhältnisse fehlt es bisher. Diese Lücke füllt das vorliegende Buch aus. Die Arbeit ist ein wertvoller Beitrag zu Mitteleuropa, das durch den Krieg begrifflich bis an die Gestade des Persischen Golfs erweitert wurde.

Dorns Volkswirtschaftliche Wochenschrift. Organ für Wirtschaftspolitik, Exportinteressen und Finanzwesen, Nr. 1724. 67. Band. Wien, 23. Februar 1917. 34. Jahrgang.

Der Herausgeber Dr. Grothe gibt sich keiner Täuschung hin, daß zwischen Wollen und Vollbringen, namentlich im Orient, ein unmeßbarer Spielraum liege, und daß man sich auf das Verstreichen von Jahrzehnten bis zu dem Tage, da der Saat die Frucht zu folgen vermag, wird gefaßt machen müssen: aber mit dieser Einschränkung hält er an der schon in seiner zwei Jahre vor dem Kriege publizierten Schrift „Die asiatische Türkei und die deutschen Interessen. Gedanken zur inneren Umgestaltung des Osmanischen Reiches und zu den Zielen der deutschen Kulturpolitik" ausgesprochenen Überzeugung fest, daß bei nachdrücklicher Hilfe und regem Ansporn deutscherseits eine Verjüngung der Türkei kein leeres Hirngespinst ist.

Bei Fragen zur Produktsicherheit wenden Sie sich bitte an:
If you have any questions regarding product safety,
please contact:

Walter de Gruyter GmbH
Genthiner Straße 13
10785 Berlin
productsafety@degruyterbrill.com